PHILOSOPHIE PARISIENNE

IL A ÉTÉ TIRÉ DE CET OUVRAGE :

5 EXEMPLAIRES NUMÉROTÉS SUR PAPIER DE HOLLANDE

HENRY FOUQUIER

PHILOSOPHIE
PARISIENNE

PARIS
BIBLIOTHÈQUE-CHARPENTIER
EUGÈNE FASQUELLE, ÉDITEUR
11, RUE DE GRENELLE, 11

1901

AVANT-PROPOS

A ALEXANDRE DUMAS

Dans ce petit livre que j'offre aux lecteurs, je m'adresse parfois à des morts dont j'ai gardé le souvenir. C'est à un mort que je le dédie, à un mort toujours regretté, Alexandre Dumas. En ces dernières années, nous avons pris la coutume charmante de nous réunir à quelques-uns, une fois tous les mois, autour de la table hospitalière du célèbre avocat, M. Cléry. Dîner sans étiquette, de toutes façons, qui n'est ni un dîner de provinciaux, ni un dîner de professionnels, mais simplement d'amis. Dumas était des plus assidus à ces réunions. Une des dernières fois qu'il sortit de chez lui, avant d'être emporté par la maladie, ce fut pour y venir. Nous l'aimions tous. C'était un causeur charmant, et, dans l'intimité de cette table ronde, il se livrait en pleine liberté et laissait voir, à travers la fantaisie et les boutades de son esprit, toute la tendresse de son cœur honnête et bien plus ému que ne l'a pensé parfois le vulgaire. J'ose dire qu'il me rendait l'affection que je lui portais. Toute distance gardée entre son talent triomphant et mon effort plus humble, nous avions cette commune préoccupation de faire servir, lui, son génie dramatique, moi, mon labeur de journaliste, à proposer ou à répandre des idées de morale qui nous paraissaient utiles et équitables. Il voulait bien penser que, dans cette voie, j'avais été parfois un bon disciple de sa maîtrise. Et, comme il savait combien s'envolent sans retour les feuilles légères du journal, il insistait amicalement pour que j'assure à quelques articles choisis la durée, moins éphémère, du livre. Un autre convive de nos dîners du lundi, M. Sardou, qui donnait avec Dumas l'exemple rare d'une amitié de lettrés qui ne voulaient même pas être des rivaux, m'encourageait aussi et, par sa bienveillance, me faisait espérer celle du public. Et un de nos habitués encore, M. A. Hébrard, me facilitait singulièrement la tâche en me donnant, dans le grand journal *le Temps*, qu'il dirige depuis vingt ans et plus avec une si belle tenue, un petit coin de jardin que je laboure à ma guise.

Ce livre est, pour ainsi dire, le livre de ces amis ; et je le dépose, d'un souvenir tendre, à la place restée vide de celui que nous avons perdu.

Si j'avais osé, je l'aurais appelé un livre d'*Essais*. Mais, peut-être, n'aurait-on pas assez compris ce qu'il y aurait eu de modestie à emprunter le titre choisi jadis par l'incomparable Montaigne ? Ce titre eût été le bon. Et j'aurais pu y ajouter l'épigraphe de Montaigne : *Ceci est un livre de bonne foi*. La génération dont je suis n'est-elle pas, en effet, caractérisée en ceci, qui est à la fois sa gloire et sa tristesse inquiète, d'avoir été une *faiseuse d'essais ?* En politique, en sociologie, en science, en art, en littérature, notre époque est marquée par une longue suite de révolutions et d'évolutions, violentes ou pacifiques, qui se sont produites au nom d'un idéal qui n'a pas été atteint, sous l'inspiration d'une espérance qui ne s'est pas pleinement accomplie. En toutes choses, nous avons cru, par moments, arriver à une conception définitive dans le monde des idées, à des solutions de durée dans l'ordre des faits. La critique ou le hasard des événements sont toujours venus remettre en question les problèmes qui nous hantent. Nous luttons, nous cherchons et, à chaque instant, il semble que, pour nos recherches et nos luttes, nous retombions dans la nuit. Nous ne connaissons guère le calme repos d'esprit et la tranquille action qui ont fait le bonheur de certaines époques, où l'on vivait sous l'empire d'une croyance et sous la loi d'un état politique et social peu contesté. Mais la grandeur et la consolation de nos esprits tourmentés, c'est que, si nous sommes encore, en bien des choses, environnés de ténèbres incertaines, cette nuit a parfois des lueurs d'aurore vers qui il faut savoir marcher résolument.

Le journalisme a dû à cet état des esprits de devenir la grande force qu'il est dans la société contemporaine. Son cadre s'est élargi, en même temps que son action devenait plus universelle. Il enseigne, discute et propose. Il sert des intérêts, ce qui le fait vivre; il remue des idées, ce qui le fait grand. Peu de penseurs et d'écrivains lui sont restés étrangers, et beaucoup n'ont pas eu d'autre moyen de propagande pour leurs idées. Aussi n'éprouve-t-on plus d'étonnement à voir le journal aborder toutes les questions, fixer l'histoire, exposer et critiquer le mouvement littéraire et artistique, aborder les problèmes de morale et de philosophie. Nous y disons nos espérances d'avenir aussi bien que nous y consignons nos souvenirs du passé. La rapidité de travail qu'il nous impose, le peu de place qu'il nous accorde, nous contraignent à concentrer notre pensée en de courts aperçus et ne nous laissent pas le temps d'éviter les négligences de la forme. Mais, peut-être, les idées gagnent-elles, en réalité, à cette rapidité d'improvisation, gage de leur sincérité, car l'artifice essentiel du journaliste, c'est de ramener à des idées générales l'impression que lui donnent les événements du jour en leur variété infinie. Il procède, comme le fabuliste, qui, de l'anecdote de la fable, partout prise, tire sa morale propre. Et, de cette façon, l'apparente incohérence des sujets qu'il traite ne va pas sans avoir une unité. C'est le cas de ce petit livre, écrit au jour le jour et au hasard des circonstances et des souvenirs, et dans lequel on trouvera, j'espère, une pensée maîtresse, ou, pour dire mieux, une espérance de justice et de bonheur futurs.

H. F.

PHILOSOPHIE PARISIENNE

A NONIA

DANSEUSE A POMPÉI

Petite Nonia, qui, vêtue de belles tuniques transparentes et brodées, allais danser, au son de la cithare hellénique et de la flûte latine, chez les riches banquiers de Pompéi qui te donnaient un bon « cachet » et te gardaient à souper, tu fus une petite personne fort heureuse. Tu étais jolie, paraît-il, comme pas une des filles de la Grande-Grèce ; tu fus amoureuse, mêlant à l'amour le goût de l'art et la tendresse qui l'ennoblissent, et, de plus, parfaitement inconsciente, comme Manon. Et, ainsi qu'elle, tu as eu la bonne fortune de trouver un historien qui nous a dit les joies et tes chagrins, tes sourires et tes larmes. Il y a tantôt vingt siècles que, de ton corps délicieux et de ton âme sensible et légère, il ne reste rien, pas une poussière, pas un souffle : et voici qu'un prosateur, à l'imagination de poète, M. Jean Bertheroy, en écrivant *la Danseuse de Pompéi*, te ressuscite. Il t'évoque, plus vivante que jamais. Il te rend des spectateurs qui t'applaudissent et, qui sait? des amoureux peut-être, parmi ces sages un peu las qui laissent leur imagination entraîner leur cœur vers les mortes, jamais cruelles à qui les aime!

Ce livre qui te raconte, petite Nonia, est charmant, nous disant une vie qui contraste singulièrement avec la nôtre, et telle que tu ne crus jamais possible qu'il en fût une autre, alors que tu la vivais. Il te paraissait tout naturel d'être vouée, dès que tu fus nubile, à la Vénus Physica, patronne de Pompéi. Il devait te sembler qu'il eût été impossible pour toi de naître dans une autre patrie que la ville peinte, couchée au pied du Vésuve et baignant ses pieds dans la mer à la ceinture blanche, ville peuplée de manieurs d'argent grecs, à la conscience aventureuse, de Latins ayant fui Rome, tragique en ses éternelles révolutions, et aussi de viticulteurs et de paysans de la vieille race des Osques aborigènes, un peu grossiers, mais joyeux et de belle humeur, comme le Polichinelle blanc dont tu aimais tant à aller voir les farces indécentes sur les tréteaux populaires.

Ce fut là où, sans te refuser à personne, courtisane professionnelle, savante et ingénue, amie des gladiatrices inquiétantes, qui, casquées et nues, combattaient sur les tombes des personnages distingués de la Cité, se faisant des blessures qui ressemblaient à des caresses furieuses, ce fut là que tu aimas celui que Manon appelait « son chevalier ». Le tien fut un jeune prêtre d'Apollon, un « camille », lévite païen de race patricienne, chaste de corps et d'âme et qui mourut avant vingt ans sous les coups de la colère jalouse du dieu orphique délaissé pour l'amour de la créature. Peut-être que, le bel Hyacinthe mort, tu l'oublias, l'ayant bien pleuré? Mais,

... Pendant un moment, tous deux avaient aimé...

a dit notre poëte, en chantant une sœur à toi. Danseuse experte et triomphante, tu repris, par les exercices délaissés, la souplesse de tes jambes d'airain; courtisane superbe, tu oublias l'heure folle où tu voulus, en vain, te refuser à tout autre qu'à ton amant, que tu poursuivais jusque dans la cella du sanctuaire de son dieu. Mais si, riche des dons des banquiers de Pompéi, honorée, comme il convient à une hétaïre qui a réussi, tu vieillis assez pour assister au dernier jour de ta cité ensevelie et dévorée sous les cendres et les flammes du Vésuve, j'imagine qu'en mourant tu te revis, gravissant le mont au bras de ton amant, traversant les vignes enlacées aux ormes, dépassant la région des bois obscurs et des bruyères pour aller avec lui, ivre d'idéal, d'inconnu et de virginité, danser et aimer sous les astres, au pied du cratère, où courait, serpent de feu, la lave rouge, menace de l'avenir pour la ville peinte et voluptueuse...

Petite Nonia, tu fus heureuse pour toutes les choses que tu vis, que tu ressentis et que ton historien nous conte avec tant de grâce, et aussi parce que tu fais rêver les sages qui, penchés sur le passé, y cherchent l'oubli du présent et la promesse de l'avenir. Car cette rencontre du prêtre initié aux mystères orphiques et de la servante de la Vénus physique, c'est, en un clair symbole, le choc de deux mondes : l'un qui naissait et l'autre qui allait mourir. C'est le combat, qui dure encore dans l'humanité, de la matière et de l'esprit, où d'autres que ton Hyacinthe ont succombé, de l'idéal chrétien et de la réalité païenne, combat où, comme il arrive presque toujours à la femme, tu fus victorieuse et vaincue, éternelle petite Nonia !

A PÉTRONE

Un mystère est sur toi, Pétrone, arbitre des élégances et victime de Néron. Le gouverneur de Bithynie et l'auteur de *Satyricon* furent-ils le même homme ? Cet homme fut-il mon compatriote de la vieille cité marseillaise, devenu chevalier romain ? Le Trimalcion du banquet est-il le vieux Claude ou un personnage symbolique, nous disant ce que la corruption de Rome avait pu faire de l'âpre fierté des Quirites ? Quelle est la date de ce livre, étrangement précieux, où il y a de tout : de la prose de chronique et des vers épiques, de la satire et du conte, de la philosophie et de l'anecdote, de la cuisine et de l'érotisme, de la critique littéraire et de la parodie ? Tout ceci est resté obscur pour nos savants. Ton œuvre, qui parut presque ignorée des Romains, ne revit le jour chez nous que tardivement, par fragments, souvent altérés. Les moines qui la sauvèrent restent suspects d'avoir coupé ou remanié mainte partie dans ce *Gil Blas* romain.

Et voici qu'aujourd'hui on ne parle que de toi, jusque dans les salons. Ceci, grâce au talent d'un romancier étranger, qui a fait de toi le héros de son *Quo Vadis*. On discute ses autres personnages, la jeune chrétienne, l'Augustan converti, et jusqu'à la figure historique de Néron Barbe d'airain, que quelques-uns voudraient réhabiliter. Mais toi, Pétrone, on t'accepte tel que tu nous apparais ressuscité dans la gloire de ta beauté et de ta grâce. Et la jolie liseuse, fermant le livre, murmure entre ses lèvres émues à l'évocation de ton personnage exquis : « Ce Pétrone ! cet arbitre des élégances ! quel dommage qu'il soit mort et où le retrouver parmi nous ? »

C'est que tu es pour nous, voluptueux qui sais mourir en stoïcien, comme une fleur humaine d'arrière-saison du monde helléno-romain qui va finir. Dans la nature comme dans la société, ces fleurs d'automne ont une grâce infinie. Elles nous semblent garder comme un reflet et un parfum de la vie qui fut avant elles. De Rome, tu as conservé la fierté patricienne et le courage du stoïcien, ayant un tel dédain de la vie que la mort t'apparaît à peine comme une chose grave et que tu meurs aussi tranquille que si tu croyais à l'immortalité des âmes. De l'esprit grec, tu as pris le goût passionné de la beauté et des arts, qui viennent d'elle, et, avec le scepticisme du philosophe qui, devant la foi chrétienne, s'étonne, admire et envie peut-être cette bonté païenne trop méconnue qui, pour être moins universelle et moins absolue que la charité de l'Évangile, n'en est pas moins éparse dans les grandes âmes antiques. Si bien que pour ces âmes, d'Eschyle à Virgile, l'Église, jugeant l'enfer impossible, inventa les limbes. Et, comme Renan l'a dit de toi, qu'il entrevit, si méprisant de la foule que tu pas être, tu servis encore l'humanité en mettant de la tendresse dans la volupté et même de l'art et de l'esprit dans le plaisir.

Comme la jolie liseuse, je me demande où est Pétrone aujourd'hui, et si, dans notre monde qui a quelques-unes des rides de la vieillesse romaine, une telle fleur humaine pourrait naître et trouverait à s'épanouir. On a nommé Prosper Mérimée? Pour le scepticisme de l'esprit, le goût des arts, la finesse, la grâce, parfois la liberté presque audacieuse du courtisan, je veux bien. Mais la tendresse n'apparaît pas et je ne vois guère le sénateur de Napoléon se faisant ouvrir et refermer les veines pour ne mourir qu'après un dernier festin et quand il aura trouvé « le mot de la fin » digne de plaire à son esprit. Nos collectionneurs peuvent égaler, Pétrone, la sûreté de ton goût. Mais sauraient-ils, en admirant la beauté de tes gemmes et de la coupe myrrhine que tu brisas pour la soustraire à Néron, oublier leur valeur, et le prix de l'achat et le prix de la revente? Nos voluptueux se doublent-ils, comme chez toi, d'un héros? Nos amoureux ont-ils tes délicatesses et cette mesure dans la passion qui met jusque dans le délire l'harmonie qui lui garde de la beauté? Nos libres esprits savent-ils faire incliner l'orgueil de leur doute devant la foi qu'ils ne peuvent avoir? Quant aux « arbitres de l'élégance », on ne saurait mesurer à ton aune nos rois de la mode. Il semble que, de nos jours, l'esprit, la grâce et l'énergie ne puissent plus fleurir sur le même rameau. Je te cherche, Pétrone, et ne te trouve pas. Et, peut-être, en faut-il conclure que tu n'existes pas, aussi complet modèle de l'être humain que t'a fait l'imagination d'un poète, qui t'a montré pourtant si vivant que tu peux te vanter d'être, aujourd'hui, l'homme le plus aimé de la Rome parisienne.

A RUSKIN

Grand vieillard, dont la haute intelligence
était morte déjà, vous êtes mort. Où êtes-
vous? Dans le néant de l'infini, ne vivant
encore que par ce qui reste de votre pensée,
éparse dans l'esprit de vos élèves et de vos
disciples? En quelque astre lointain, comme
le croyaient nos ancêtres, ou dans le Paradis
chrétien, où vos vertus vous assuraient une
place? Ou bien, — et je voudrais en être certain, — dans quelque bois sacré des Champs
Élysées, où, ombre éthérée, ne gardant de la
forme humaine qu'un fantôme suffisant pour
sauver votre personnalité, vous vous joindriez
au groupe des âmes qui furent semblables à
la vôtre, causant avec Platon, sous un de ces
ciels divinement pâles que Puvis de Cha-

vannes, votre élève, peignait en ses fresques ?
Je n'en sais rien. Ce que je sais, c'est qu'un
peu oublié déjà de l'élite, inconnu de la foule,
vous allez dormir loin de la terre d'Italie, qui
fut votre vraie patrie.

J'aurais voulu, pour vous, le repos éternel
dans ce Campo-Santo de Pise où la terre,
dit-on, dévore les morts en un jour, comme
pour les faire entrer plus vite dans l'immortalité des âmes. Une place vous était due dans
ce cimetière, qui est un des plus beaux
endroits du monde. Combien simple pourtant,
ce monument où Jean Pisan, le premier, fit
succéder l'ordre architectural inspiré des
Hellènes, logique, proportionné et clair, aux
sombres forêts de pierre des constructeurs du
moyen âge ! L'art ogival fuit la lumière,
comme s'il voulait affirmer encore, dans le
temple du Dieu, que la terre n'est qu'une
sombre vallée de misères. Jean de Pise, lui,
a voulu ouvrir au soleil le champ de la mort
lui-même et que son cimetière, où les rayons
jouent sur les tombes, laissât le ciel, comme

une espérance, sur la tête des morts couchés là. Je ne sais pas de lieu plus calme, et je n'en sais pas qui soit moins triste. Il ne donne pas la navrante impression d'une chose qui finit, mais celle d'une chose qui recommence, inconnue certes, mais assurée.

C'est un carré long, immense, mais que la justesse des proportions fait paraître de grandeur moyenne. Une muraille, à peine ornée d'une frise, sépare du monde cette antichambre d'un autre monde. Une galerie règne tout autour du grand jardin où les chevaliers pisans, dont la commanderie est proche, apportèrent la terre sainte de Judée. Le jardin est verdoyant et les plantes grimpantes viennent mettre la couronne de leurs fleurs sur la croix qui en occupe le centre. Il est, en toute saison, plein d'oiseaux familiers qui volettent autour du rare visiteur et qui semblent attendre que quelque François d'Assise leur adresse son prêche. Et, tout autour de la galerie, où le pied se heurte aux sculptures des pierres tombales, règnent les fresques admirables où s'affirma la floraison première de la Renaissance.

Que d'heures j'ai passées là, en ma jeunesse, à ce moment où la pensée de la mort lointaine ne fait encore rien autre chose pour nos esprits que de mieux leur faire goûter les joies de la vie ! Les étudiants de Pise, dont je fus un moment, donnaient, parfois, en ce lieu solitaire et doux, rendez-vous à leurs amies. C'étaient les belles contadines, grandies par leurs socques de bois dont les talons claquaient sur les hautes dalles, filles des beaux modèles de Gozzoli et de cette *Vergognosa*, qui met sa main sur sa figure devant la nudité de Noé, laissant ses doigts ouverts pour regarder au travers. Et, dans ce cimetière-musée, où l'art humain éclate en sa splendeur vivante, ces rendez-vous d'amour étaient sans impiété et sans profanation. Ils en prenaient je ne sais quelle gravité attendrie. On y oubliait le plaisir pour ne songer qu'à la tendresse, et les vieux morts semblaient y sourire à la joie des jeunes vivants.

Plus grave, de vie austère, encore que traversée d'un rêve d'amour, qui fut malheureux, vous étiez venu là, Ruskin, avant nous. Avec les églises de Florence, où vous découvriez Masaccio et Lippi sous le badigeon des barbares civilisés du grand siècle, avec le Fiesole de Fra Angelico, qui peignait à genoux ses vierges, avec Orvieto et Assise, le Campo-Santo pisan vous révéla deux siècles d'un art moins sûr de lui-même, moins savant que celui de Raphaël, mais plus près, en sa jeunesse, de votre idéal. Vous avez trouvé là, en sa fleur, le double effort de l'esprit humain vers la Vérité et vers la Beauté. Là, vous est venue cette conception, qui fut votre enseignement, que l'art doit toujours être l'expression d'une pensée et que cette pensée doit être haute, morale, telle qu'elle mérite d'être appelée religieuse, alors même qu'elle reste humaine et ne s'attache pas à un dogme.

école préraphaélesque est née de votre rêverie. Son action a été considérable et bonne. N'eût-elle fait qu'augmenter le trésor de nos joies intellectuelles, ce serait déjà une grande chose. Je sais bien que, toute médaille ayant son revers, de l'esthétique sont nés nos ridicules esthètes. Ils viennent de vous, mais comme les inquisiteurs viennent du Crucifié du Calvaire ! Et, si à l'heure dernière vous avez eu cette apparition qu'on prête parfois aux mourants et où s'évoque pour leurs yeux qui vont se fermer ce qui fut la gloire et l'amour de leur vie, ignorant les botticelliennes de nos brasseries, vous vous êtes endormi en voyant une fois encore les fresques délicieuses et inspirées de vos vieux maîtres du Campo-Santo !

A STENDHAL

Nous avons tous lu, ces jours-ci, l'inquiétante dépêche annonçant qu'un tremblement de terre avait ébranlé le sol de la vieille Rome. On ne croit pas volontiers à ces catastrophes de la nature qui font disparaître une ville. Il semble qu'avec l'âge de la terre elles se fassent plus rares et moins terribles. Cependant, il n'y a pas encore un siècle et demi que Lisbonne fut renversée, en un désastre que chanta Voltaire pour établir, moins gaiement que par les mésaventures de Candide, que tout n'était pas pour le mieux dans le meilleur des mondes. Il n'était donc pas absurde d'avoir cette vision effroyable du monde se réveillant un jour en n'ayant plus Rome à admirer.

Tout de suite, j'ai songé à Stendhal. Je le voyais, en sa vieillesse, correct et élégant, arrivant au cercle des Ganaches où il allait dîner tous les jours, portant à la main une badine achetée chez Verdier et qu'il aimait qu'on crût être le don d'une comtesse, et tombant foudroyé dans son fauteuil du cercle, à cette nouvelle : il n'y a plus de Rome !... Et, comme on aime à songer aux malheurs évités, je souriais à l'idée d'un émoi que je partageais. Car j'ai aimé Rome comme il l'aima et, son livre en main, j'y ai fait aussi mes longues promenades. Pourtant, j'ai peut-être aimé surtout une autre Rome que la sienne? Car c'est le charme, en même temps que le défaut de Rome, de ne pas être une Cité une, comme Florence, Sienne ou Pise, restées, avant de fâcheuses *haussmanisations*, de pures villes de la Renaissance. Il y a deux Romes au moins, juxtaposées, parfois superposées : la Rome des Papes et celle des Césars. C'est la première que Stendhal connut, découvrit pour un peu et aima surtout. Et il aima aussi une autre Rome, complètement disparue, celle-là : une Rome qui était une petite ville, avec une cour, une société de prélats libres d'esprit, de petits abbés ayant gardé la poudre du XVIII° siècle, de femmes aristocratiques, belles, passionnées, galantes et dévotes, adorant la musique de Cimarosa et de Rossini, les messes papales, les histoires de voleurs et les déclarations des *patitos*. Stendhal, d'esprit subtil et raffiné, se laissa absorber au charme de cette société. Il vit très bien le lien qui la rattachait encore un peu au monde de la Renaissance. Et c'est peut-être pour cela qu'amateur plus que philosophe il fut moins ému que d'autres devant les gigantesques débris de ce monde puissant et misérable que fut la grande démocratie des Césars.

Pour moi, disons-on, j'avoue que c'est la ville antique qui l'emporte sur tout, bien qu'elle ne puisse que montrer des ruines à côté des palais et des églises encore debout. C'est son décor et sa vie qui se rétablissent et ressuscitent pour les yeux de mon esprit. Peut-être cette préférence de mon imagination tient-elle à ceci que, hommes inquiets de l'avenir, nous allons volontiers chercher à le deviner dans les souvenirs évoqués du passé? L'histoire de la Renaissance est pleine de délicieuses curiosités pour le dilettante. Elle n'a pas beaucoup d'enseignements directs pour le philosophe. On peut admirer ou envier l'existence de ses héros, mais il n'y a guère à espérer ou à craindre que ces existences puissent devenir de nouveau les nôtres. Et, par maints côtés, l'homme d'aujourd'hui peut se sentir plus près de la Rome des Césars.

Quel est, en effet, le péril qui peut menacer notre démocratie? C'est le péril romain. La Rome des Césars nous apprend qu'une société peut être d'admirable apparence, posséder des artistes habiles, des constructeurs incomparables, des lettrés raffinés, un ordre extérieur qui en impose encore à l'univers, avoir des guerriers braves et de hauts philosophes et, cependant, malgré les rites des sacerdotes et les lois des légistes savants, manquer de l'élément essentiel de la conservation sociale et du bonheur individuel, qui est une loi morale acceptée et sanctionnée par une croyance. La dureté romaine, brutale jusqu'à la cruauté, ne paraît pas s'être atténuée un instant, à la voix des sages, depuis les premières guerres civiles jusqu'aux derniers jours de l'empire. La puissance de l'argent y fut toujours grandissante. Il sauva les Verrès avant de faire les Césars. La corruption des mœurs ne fit, avec e temps, que perdre la naïveté virgilienne et la grâce d'Horace. Je ne vois pas, dans la grandeur matérielle formidable de la Rome du Colisée et des Thermes césariens, la marque d'autre chose que de la force et de la richesse. C'est comme un immense autel, dans un temple qu'un peuple s'est élevé à lui-même, mais où il n'a pas su mettre un Dieu. Et ceci me rend rêveur, quand je vois que, de toute cette orgueilleuse grandeur, qui semblait défier le temps, il ne reste que des ruines...

A M. FERDINAND BRUNETIÈRE

Vous êtes, Monsieur, en Avignon, et je vous envie d'y être. J'imagine, pourtant, que du haut du jardin qui borde le palais des Papes, minuscule contrefaçon et souvenir charmant du Pincio romain, on doit avoir chaud en regardant, sous un ciel de flamme, cette plaine du Rhône, jadis peuplée de villas et de « vignes », où vivaient les cardinaux, redevenues des bastides bourgeoises ou des fermes cuites au soleil. Mais vous êtes sans doute, comme moi, de l'avis de Théophile Gautier, qui voulait qu'on visitât les pays en leur saison violente. Et c'est pendant les jours torrides que ma Provence a toute sa couleur et tout son parfum, à l'heure où la cigale symbolique tombe parfois, épuisée, d'avoir trop chanté au soleil.

Et puis, quand on aime l'art de la parole, quand on le pratique comme vous le pratiquez, avec une incomparable puissance, que ne ferait-on pas pour trouver un de ces auditoires du Midi, qui ne comprennent pas toujours, il est vrai, mais devinent souvent, et qui sont si accessibles, en tout cas, à la beauté du langage ! Être éloquent dans le Nord, c'est goûter des satisfactions de philosophe ; être applaudi dans le Midi, c'est avoir des joies de ténor. Il n'en faut pas sourire. Pourtant, il paraît que votre magnifique harangue, telle que nous l'avons lue ici, n'a pas été sans soulever des résistances. Il y a eu quelque bruit. Et le bruit d'Avignon, je le connais ! Il a fallu faire sortir la garde pour maintenir l'ordre et les armes sont venues en aide à la toge. Je les aime mieux se secourant que se combattant.

A première vue, ce mélange d'enthousiasme et de vitupère que vous avez trouvé à Avignon et qui n'est pas pour déplaire à la combativité de votre esprit, sera attribué à ceci : que vous passez pour clérical. Les prêtres, les « capelans », comme ils disent là-bas, en souvenir des chapelains de Rome, étaient nombreux parmi vos auditeurs. Ceci a pu suffire à mettre Homais sur ses gardes et à le faire de méchante humeur. Homais est partout en France : et si, à Tarascon, devenu le Bézuquet de Daudet, il est plus gai que l'intransigeant penseur de Flaubert, il est de même philosophie trop courte. Pourtant, je pense que ce serait voir un peu grossièrement les choses de croire que la querelle avignonnaise est une affaire de curés. Elle est plus intéressante et plus haute.

En réalité, Monsieur, dans ce discours de merveilleuse ordonnance, plein de pensées ingénieuses ou fortes et de faits groupés d'un art exquis et sûr, vous avez immolé l'hellénisme à l'esprit latin. C'est là une de ces choses dont je parlais, qu'une foule de subtils méridionaux ne comprend pas toujours nettement, mais devine en ce qu'elles ont d'essentiel. Or, malgré la langue, — et, encore, dans le vieux dialecte que parlent les pêcheurs de Marseille retrouveriez-vous certains mots purement grecs, tel que le mot *arton*, qui désigne le pain depuis que les Phocéens tirèrent leurs barques sur la plage de Marseille, au pied de la forêt de César, — la Provence est hellène. Vous n'aurez pas manqué, j'espère, d'aller en pèlerinage à la ville sainte d'Arles. Les archéologues du lieu vous auront dit que, si les Arènes sont romaines, le Théâtre est Grec, et qu'on y jouait, sans doute, ce « répertoire » des vaudevilles d'Aristophane, que vous n'aimez pas assez, à mon gré. La Vénus d'Arles est une petite femme grecque, type conservé par les belles filles d'Arles que vous êtes allé voir danser, le dimanche, à Trinquetaille, si ces choses vous plaisent encore, ce que je vous souhaite. Et, par-dessus tout, l'âme hellénique vit toujours en Provence, invaincue encore par l'esprit latin qui s'est superposé à elle.

De cet esprit latin vous avez fait, Monsieur, un magnifique éloge. Vous avez dit des choses supérieures sur son génie organisateur, catholique, au sens restitué du mot. Vous avez eu cent fois raison de penser que l'invasion barbare dans les Gaules a été un recul de la civilisation. Glissant sur la brutalité du peuple de Rome, vous avez su voir et dire le caractère admirable d'ordre, de légalité et même de tolérance de l'administration apportée au monde par les grands vainqueurs romains. Vous avez, enfin, trouvé, dans les lettres latines, ce qu'elles ont d'un sentiment de discipline générale et de tendance à ne rien tenir et mettre hors de l'humanité. Il est certain que le génie hellénique est moins assimilateur, plus particulariste, plus individualiste, et c'est par là qu'il est resté vivant en Provence. Faire la Provence séparatiste est une calomnie, mais la tenir pour particulariste est une vérité. Et avez-vous été assez juste pour cet esprit hellénique, qui répugne, je le comprends, à votre conception de l'histoire? Que Platon soit un rêveur, je le veux bien, un rêveur à la façon de Fourier. Mais le rêve n'est-il pas charmant et de ceux dont se berce l'humanité, consolée des tristesses de la réalité? Le grand Lucrèce latin, que vous admirez, n'est-il pas de moelle hellénique, fils intellectuel d'Epicure? Que si les *Perses* sont un hymne de victoire sur des Aryas injustement appelés « les barbares », l'humanité tout entière n'est-elle pas sur le rocher de Prométhée? L'indiscipline hellénique n'a-t-elle pas été nécessaire, indispensable à la notion de la liberté que vous voulez voir disciplinée, certes, non abolie. C'est, j'imagine, cette pointe d'injustice que ma Provence a devinée en vous. Et, s'il en est ainsi, sa querelle devient une belle querelle, de celles qui séparent sans brouiller, bataille des idées qui planent au-dessus des batailles obscures des faits, comme, dans l'*Iliade*, des dieux combattent dans les nuages, guerriers immortels, au-dessus des hommes périssables.

A M. ANATOLE FRANCE

Voici donc, maître que j'aime à appeler ami, que vous avez sauté le pas, ce pas que tous les romanciers sautent ou essayent de sauter! Vous voici au théâtre. Je vous en félicite. Non pour la joie et la gloire des louanges toutes chaudes, sur qui souffle, d'ailleurs, le vent froid des critiques sincères ou des envies jalouses; mais pour la joie supérieure et la gloire intime de voir vivre, en chair et en os, sous les traits de l'interprète, les personnages inventés, les fils de l'esprit ou du cœur, à qui l'on a donné naissance. Le bon Ponson du Terrail, à ce qu'on raconte, ayant eu le petit malheur de faire paraître dans le dernier volume d'un de ses romans un personnage qui était mort au premier, avait pris le sage parti de dessiner ses héros et ses héroïnes, et de les avoir sous les yeux, collés sur des cartons : et, quand l'un d'eux avait fini de jouer son rôle, il le couchait dans le tombeau d'une boîte. Ces petits bonshommes de carton, il les regardait avec tendresse, avant de leur dire adieu ! C'est à regret qu'il les immolait, en quelqu'une de ces extraordinaires catastrophes qui étaient familières à son imagination dévergondée. D'autre tenue en vos récits d'une belle simplicité, vous n'avez pas besoin de prendre de si singulières précautions. Mais vous avez voulu, cependant, animer les créations de votre esprit, les voir vivre, les entendre parler. C'est bien amusant, avouez-le sans fausse honte. Car, si la pensée, au théâtre, subit parfois des déviations, reste soumise à des hasards, est incomprise même en son raccourci nécessaire, nulle part elle ne prend autant de relief et nulle part la joie d'avoir créé n'est si assurée ni si grande.

Même pour ceux qui, comme vous, ont le regard aigu et la main sûre du peintre, la description ne vaut pas le décor. J'ai senti cela, au Vaudeville, en voyant la terrasse de Fiesole, où deux amants échangent leur aveu, tandis que la cloche sonne au loin et qu'on entend les cantiques de la procession qui passe, comme si un Dieu, plus indulgent que celui en qui nous avons coutume, voulait consacrer l'amour vrai et idéal, fût-il coupable. Avec cette rapidité prodigieuse des évocations du cerveau, que les savants ont constatée en étudiant le rêve, des années de ma vie ont passé devant mes yeux. Moi aussi, j'ai eu ma terrasse à Fiesole, terrasse de vieux couvent, écussonnée du lys rouge de Florence et des boulons des Médicis, au pied de laquelle poussaient des orangers qui semblaient, masquant les piliers, la soutenir, offrant leurs cimes en bouquet aux visiteuses penchées sur la balustrade. Et je voyais l'aube et le soleil couchant mettre leur robe blanche ou rose sur ce dôme de Brunelleschi que Michel-Ange eût voulu, en l'imitant, hausser jusqu'au ciel. Mais je crois bien que, si mon regard aimait à se perdre sur l'admirable silhouette de Florence, plus de tendresse encore envers les choses envahissait mon cœur, quand je me tournais vers le bourg de Fiesole, déchu de sa grandeur passée. De l'*oppidum* étrusque il ne reste qu'un mur pélasgique, de grand appareil, dont les barbares ont arraché les bronzes, pour s'en faire des glaives et des fers de piques : et la nature, avec ses arbres et ses arbustes, disjoignant les blocs, a mené à bien déjà la reprise conquérante qu'elle fait sur l'œuvre de l'homme. Mais, dans les champs voisins, où, naïf archéologue, je cherchais des tombes étrusques et ne trouvai qu'une auge oubliée, les jonquilles, les anémones et, sur les collines molles et arrondies, l'olivier argenté et les ormes où grimpe la vigne, pour que Virgile reste vrai. La nuit, les lucioles de feu, petites étoiles qui semblent railler, par l'agitation de leur danse, l'auguste immobilité des étoiles du ciel. Et les parfums et l'air, qui a une saveur, et, surtout, le charme des petits coins. L'Italie est la terre de ces petits coins, que découvre le voyageur attentif et pieux, un peu las des merveilles officielles que les photographes avilissent en multipliant leurs images sèches. Et ces petits coins sont à ceux qui les trouvent et y vivent, sortes de chapelles où des élus communient dans le culte religieux de la divine Italie.

A M. HENRI LAVEDAN

De toutes les joies académiques, vous venez, Monsieur, de goûter la plus pure et la moins incertaine. Vous avez dîné avec une vingtaine d'amis, bons compagnons, et qui ont célébré votre victoire. Et l'un d'eux a pu dire, avec raison, que tous n'étaient pas là, ceux qui vous estiment et vous aiment. Certes, un académicien a de bons moments. Le jour de l'élection, en quelque endroit discret, modeste café des environs de l'Institut, il attend le messager ami qui lui apportera le résultat du vote. Heure d'anxiété, sans doute, mais douce et triomphale quand l'ami entre et jette de loin un : « Ça y est ! » qui fait relever la tête aux joueurs de manille surpris. Il y a la rentrée au foyer, l'essayage de l'habit vert, le « Ne bougeons plus » du photographe respectueux, et la première fois qu'on préside l'Académie et la première fois qu'on escorte, donnant à son uniforme le baptême de la rue, un collègue mort, envers qui l'on est reconnaissant, quoiqu'on ne soit plus candidat. Mais rien ne vaut le dîner des bons amis. Tous les plaisirs qui nous viennent de la vanité, même légitime, s'évanouissent devant ceux où il entre un peu de sentiment vrai. C'est par la porte du cœur que le bonheur entre chez nous.

Il paraît qu'en répondant au compliment de vos amis vous avez été très ému. Pour un rien de plus, vous auriez « bafouillé », une larme fût venue, et vous n'auriez plus été Parisien du tout. C'est charmant et je vous en fais tout mon compliment. Il me semble qu'il en est de l'Académie comme de toute chose ambitionnée et de tout être désiré. Il faut savoir être franchement heureux de posséder ce qu'on a souhaité. Je déteste les lèvres goulues qui se font petite bouche après le repas. Ni avant ni après leur réalisation, nos désirs ne doivent être hypocrites. Combien je plains les tristes qui, de même que Siebel ne pouvait toucher une fleur sans la voir se faner, ne sauraient avoir une joie sans vouloir, aussitôt, paraître la dédaigner.

Soyez triomphant, je vous en prie. Les sots riront seuls de votre plaisir : et il ne faut pas seulement laisser rire les sots, mais leur donner à rire. Et vous pouvez d'autant mieux être triomphant que vous êtes jeune et que vous voilà académicien par la grâce de votre talent et par nulle autre. Vous n'avez fait, je crois, que le strict nécessaire, limité le nombre des timbales indispensables à manger dans les dîners d'académisables et écrit *Catherine*. Qui sait même si *Catherine* était bien utile? Car c'eût été bien mal vous lire et bien mal vous avoir écouté au théâtre, même en vos œuvres tenues pour les plus audacieuses, que d'estimer que vous étiez un homme sans bons principes. Vous êtes plein de bons principes, Monsieur : et ceci, par définition et parce que, dans cette ménagerie humaine où nous figurons tous sous des étiquettes diverses — plus ou moins bien appropriées — vous figurez sous celle de « Parisien sceptique ».

Or, il n'y a rien de plus honnête, en notre époque, que les hommes qu'on qualifie de sceptiques. Ils sont honnêtes de cette honnêteté supérieure qui, en notre temps affolé, trouve encore dans le cœur la seule règle certaine de la morale. La bonté est la forme la plus haute de la justice sociale. Ignorant l'esprit sectaire et son cruel orgueil, ils sont tolérants, pratiquant la vertu qui nous est la plus rare et la plus nécessaire. Sachant regarder les choses de tous les côtés, ils savent comprendre, expliquer et, par cela même, excuser en une certaine manière nos corruptions, sans manquer, pour cela, à leur être sévères. Mais l'état d'esprit sceptique, très voisin en cela du véritable état d'esprit chrétien, sait détester le péché, sans haïr, pour cela, le pécheur, — notre frère. Ce que le sceptique garde de doute sur toutes choses n'obscurcit pas la conscience, mais tempère l'éclat de son honnêteté et l'empêche de se faire « diablesse », comme disait déjà Molière. Mais frappez doucement au cœur de presque tous ceux qu'on enrégimente sous cette rubrique de « sceptiques », il s'ouvrira. Et vous y verrez la petite fleur bleue. Seulement, ils n'aiment point la porter à la boutonnière. Pudeur délicate, excessive parfois, en nos jours de bataille, où il faut montrer sa cocarde. La petite fleur bleue, Monsieur, je la mets à votre habit d'académicien ; c'est un joli ornement.

A M. PONSARD

A PARIS

Voici, Monsieur, que cette reprise de *Charlotte Corday*, dont vous étiez venu me parler avec une joie et une piété filiales touchantes, est ajournée *sine die*. Serait-ce que nous sommes en présence d'un nouveau *Thermidor* et que le Gouvernement de la République craindrait quelques protestations ou quelque désordre nés de la représentation d'une pièce républicaine? On l'a dit, car on dit tout de notre temps où le probable et l'invraisemblable s'affirment également, sans mesure et sans choix. Mais je ne le crois pas. J'aime mieux penser, encore que cette version trouve des incrédules, que la robuste santé dont la principale interprète de *Charlotte Corday* a donné tant de preuves en ses laborieuses excursions à l'étranger a reçu quelque atteinte du climat de la rue Richelieu. J'espère, pourtant, que cette reprise est chose ajournée, non abandonnée.

Vous avez bien voulu, à cette occasion, me faire tenir quelques documents relatifs à votre père et de nature à éclairer une opinion commune, longtemps admise et tournée en préjugé. Je vous en remercie. Mais permettez-moi d'ajouter que, pour moi, je n'avais pas besoin de cette « introduction » à la représentation de *Charlotte*. L'opinion que vous redoutez pour la gloire de votre père, c'est qu'il fut un poète sans poésie ; le mot dont vous craignez encore quelque fâcheux effet, c'est ce titre de chef de l'école du bon sens qu'on lui décerna. Ni le jugement absolu et injuste, ni l'épithète répudiée n'eurent jamais prise sur mon esprit. J'étais trop jeune pour assister à la première représentation de *Charlotte*, qui date de 1850, Mlle Rachel ayant refusé d'abord, puis, vainement, redemandé le rôle. Mais ce fut la première pièce du théâtre contemporain que je lus, encore sur les bancs du collège. Mon ami regretté, ce charmant marquis Dequeux de Saint-Hilaire, lettré et helléniste distingué, que plus d'un lecteur du *Temps* a connu, m'apporta de Belgique une édition de *Charlotte* qui, devenue rare, doit être, pour les fautes d'impression dont elle fourmille, précieuse à la curiosité des bibliophiles. J'étais à l'âge heureux où, étant à l'école, on se moque des écoles. Au collège, nous lisions Corneille en classe et Musset en cachette. Ils émouvaient et charmaient également nos jeunes âmes. Et de ces sensations naïves et sincères j'ai gardé cet indestructible éclectisme littéraire, pour lequel les sectaires n'ont que mépris, mais à qui je dois le plaisir d'admirer, sans la gêne des partis pris, les beautés de l'esprit là où je les trouve. Je trouvais dans *Charlotte* comme un reflet de Corneille. Ceci me suffisait et me suffit encore.

D'ailleurs, notons ceci. On a prêté à V. Hugo la formule de « l'art pour l'art ». Il l'a reniée.

On a voulu donner à Ponsard, un peu perfidement, la prétention de faire du « bon sens » une école. Il a protesté. Il faut se méfier, dit-il lui-même très sagement dans son discours de réception à l'Académie, du pédantisme. Il appartient à toutes les écoles. Une tragédie sans les trois unités était un monstre pour le pédant d'hier ; le titre seul de tragédie met hors de lui le néo-pédant. Ainsi va le monde. Les révolutions littéraires se font au nom de la vérité et de la nature, comme les révolutions politiques au nom de l'ordre et de la liberté ; mais, une fois victorieuses, les unes et les autres aboutissent souvent à l'arbitraire et à l'intolérance. Je ne sais qu'une distinction rationnelle. On doit distinguer ce qui est vrai de ce qui est faux, ce qui est naturel de ce qui est affecté, ce qui est humain de ce qui est accidentel. L'un est bon, qu'on l'appelle tragédie ou drame. L'autre est mauvais, qu'on l'appelle drame ou tragédie. Et, à ce que Ponsard disait lui-même de cette chimérique école du bon sens (qui est partout où il y a

de la beauté réelle), Nisard lui répondait :
« Ils vous ont fait malgré vous chef d'une
école qu'ils ont appelée l'école du bon sens:
Vous n'avez pas voulu de ce titre... »

Méfions-nous, pour les plaisirs de nos esprits
et aussi pour la justice de nos jugements, des
étiquettes dont on affuble les écoles littéraires
et aussi les partis. Ce qu'elles ont de trop
absolu en leurs courtes formules est déjà un
péril. Encore si elles étaient à peu près bien
appliquées aux hommes et aux partis! Mais,
quand je regarde ce qui se passe autour de
nous, aussi bien dans le monde politique que
dans le monde des lettres, où l'erreur se
répare mieux et reste moins nuisible, je ne
puis m'empêcher de songer à un jeu de ma
jeunesse un peu turbulente. Notre distraction
favorite d'étudiants, dans la vieille ville
universitaire d'Aix en Provence, qui n'est pas
une ville gaie, était, la nuit, d'aller décrocher
et changer de place les enseignes. Irrévéren-
cieux, nous mettions à la porte d'un professeur un peu ennuyeux le bassin et le rasoir

symboliques du barbier, et le chou où rit un bébé rose, armes parlantes de la sage-femme, devant l'austère presbytère du curé. Nous avions tort en nos gamineries. Mais, quand je vois aujourd'hui la façon dont on classe et les choses et les gens, les enseignes menteuses et usurpées des partis, combien me semblent innocentes les farces inoffensives de notre jeunesse!...

LA CENSURE

La Société des Auteurs dramatiques vient d'adresser à la censure un petit « billet » qui ne sera pas agréable à celle-ci. Il s'agit, dans cette note, de l'interdiction prononcée contre une pièce de théâtre, après coup et alors que cette pièce avait obtenu le *visa* du Bureau des théâtres. La Société des Auteurs proteste. Mais il ne faudrait pas se tromper sur le sens de la protestation. Je ne crois pas un instant que la Société des Auteurs, représentée par un homme tel que M. Halévy, ait approuvé, en son texte primitif, une pièce comme celle dont il s'agit : *l'Homme à l'oreille coupée*. Elle n'a pas entendu défendre, au nom de la liberté, une œuvre qui avait choqué les moins pudibonds. Il n'est pas question d'un fait particulier, mais d'un principe. Et, sur ce principe, la Société des Auteurs paraît avoir pleinement raison.

Lorsque, maintenant l'institution antique de la censure, on a voulu lui donner un autre nom, on a essayé de faire une chose juste en soi et qui correspondait à la réalité. La coutume l'a emporté. La censure est restée la censure, au moins de nom. Mais, sous le Gouvernement de la République, elle est devenue tout autre chose qu'autrefois. Jadis, l'État entendait à la fois jouer un rôle dans la direction de l'esprit public et exercer une sorte de droit régalien sur les œuvres de l'intelligence. Il a dû, dans notre très libre démocratie, abandonner cette double prétention. Son droit et son devoir sont tout autres. Il ne juge plus les doctrines et leur expression. Suivant une tendance qui s'étend jusqu'à l'exercice de la justice, ce qu'on a appelé le « garantisme » remplace la raison d'État. De tribunal arbitraire, la censure est devenue un tribunal arbitral. La théorie, c'est que les manifestations de la pensée sont absolument libres. Nul pouvoir ne saurait les contrôler et les atteindre à l'avance. Elles ne sont tangibles que lorsqu'elles sont délictueuses au regard du droit commun, et il est bien clair que le « lecteur royal » a vécu. Mais le droit commun, pour les directeurs de théâtres et pour les auteurs, est fort redoutable. Pour ne citer qu'un exemple : avoir un couplet coupé n'est rien à côté d'une condamnation pour outrage aux mœurs. La censure protège moins les oreilles du public qu'elle ne fixe, pour les auteurs et les directeurs, la limite des libertés qu'ils peuvent prendre sans s'exposer aux rigueurs des lois. C'est ainsi que doit être entendu le rôle de la censure sous la République, et c'est ainsi qu'il est pratiqué. Aussi *Anastasie*, fort oubliée et qu'on laissait tranquille, vivait-elle en bonne intelligence avec directeurs et auteurs.

Seulement, en revanche de leur soumission, ceux-ci voulaient pouvoir compter pour une sécurité. Leur manuscrit visé, leur mise en scène montrée à la répétition, ils estimaient être à l'abri de toute aventure, sauf dans le cas d'un grave désordre — qui ne s'est pas produit dans l'espèce dont il s'agit. Entre la censure et le théâtre, une sorte de contrat bilatéral se crée. C'est la thèse que j'ai, jadis, soutenue à la tribune de la Chambre, à propos de *Thermidor*. Je fus combattu et battu par des ministres amis qui trouvaient que j'avais raison. Mais il y avait, là-dessous, de la politique, Robespierre, M. Clémenceau et le « bloc ».

Aujourd'hui, rien de semblable, et la politique, pas plus que la liberté de l'art, ne sont de rien dans l'affaire. Pourquoi ne pas en parler nettement? Un peu énervée par de longues complaisances dont le mauvais goût du public ne s'est que trop fait complice, la censure a fait une « gaffe ». On l'a vivement constatée. Le censeur responsable, sévèrement, a eu l'oreille fendue. La Société des Auteurs dramatiques a formulé un rappel à une jurisprudence que personne ne songe à contester.

L'incident me semble clos. L'essentiel, c'est que l'attention de la censure reste éveillée et que, d'autre part, après trop de faiblesses, elle n'exagère pas les rigueurs. On a pu le craindre quand on l'a vue interdire, sur une affiche, le mot « sergot », pour désigner les gardiens de la paix. « Sergot » n'est que de la langue familière et populaire et n'est pas injurieux en soi. L'interdiction de ce vocable a été demandée, d'ailleurs, par le préfet de police. Il paraît que les gardiens de la paix étaient furieux. A la place du préfet, j'en aurais simplement envoyé une douzaine à la première représentation du drame où le « sergot » est montré sous les traits d'un héros. Ils auraient entendu la foule l'acclamer et en auraient conclu que « sergot » se prend aussi en bonne part, comme disent les grammairiens. Cette solution eût été la meilleure et on me permettra de penser qu'elle eût été spirituelle et parisienne. Mais ce n'était pas une solution administrative.

FRANÇOIS MILLET

A BARBIZON

Notre temps, fécond en surprises, si ce n'est en miracles, voit se produire, entre autres contradictions, celle-ci: il n'est pas de jour où quelque homme de marque, quelque personnage connu ne soit injurié, vilipendé, diffamé, et les femmes ne sont pas à l'abri de ces attaques sauvages, dont une femme vient de se venger avec une égale sauvagerie; et, en même temps, tandis que nos contemporains sont traînés dans la boue, il n'est pas de semaine où notre admiration rétrospective ne glorifie quelque mort, lui élevant une statue, lui décernant un buste pour le moins, qu'on inaugure en cérémonie. J'aimerais bien qu'entre ces admirations, dont quelques-unes sont un peu excessives, et ces outrages abominables notre bon sens fit une sage moyenne. Mais peut-on parler encore de bon sens?

Que si nous avons été parfois un peu prodigues du bronze et du marbre, le mal n'est pas grand et ceci donne de l'ouvrage aux sculpteurs, dont l'étroitesse de notre luxe bourgeois n'encourage guère le difficile métier. Personne, en tout cas, ne s'inscrira contre l'hommage qu'on vient de rendre au peintre François Millet, dans son village natal de Gréville. Il paraît que la statue du sculpteur normand, M. Marcel Jacques, est une belle œuvre. Elle est bien en tout cas, autant que j'en ai pu juger par la gravure, l'image sincère de Millet, en sabots, un tricot de matelot couvrant sa large poitrine, une veste de paysan jetée sur ses épaules, la figure large, calme et comme impassible, tandis que son regard s'en va au loin dans une rêverie et une contemplation infinies. Tel j'ai connu l'artiste, avant les jours de gloire, aux premières années de sa retraite féconde dans le village de Barbizon.

Ce village de Barbizon, devenu un but d'excursion pour les cyclistes et un lieu de pèlerinage pour les demoiselles qui « font de la peinture », possède aujourd'hui des hôtels confortables, éclairés au gaz, et ressemble à toutes les stations estivales. C'est à voix basse qu'il faut médire du progrès... Mais, tout bas, je puis bien dire mon regret du Barbizon que j'ai connu, du Barbizon des temps simples et héroïques. J'avais là, il y a quarante ans, une chaumière cachée dans les bois, une *ajoupa* de chasseur et d'amoureux, et j'y vécus heureux, avec les trois choses que le proverbe arabe veut qu'on ne prête jamais : mon cheval, mon fusil... Pour la troisième, j'en dirai assez en disant que j'avais vingt ans ! Depuis cinq ou six ans, Millet s'y était installé. Le lieu était le plus beau du monde. Comptant alors quelques feux, hameau perdu loin des routes, le village était resserré entre les futaies de la forêt de Fontainebleau, où Rousseau avait déjà commencé ses *portraits* de chênes séculaires, et une plaine admirable, parsemée d'îlots de verdure. A l'été, cette plaine, entièrement couverte de moissons, sous la caresse du vent, ressemblait à une mer d'épis. Millet y retrouvait la musique, le mouvement des lentes ondulations de l'Océan, car il n'avait pas oublié la plage où il était né. Il a peint son village. Il a dessiné, en de superbes pastels qui tiennent une haute place dans son œuvre, les rudes pêcheurs, frères de ses paysans, « laboureurs de la mer », disait déjà Homère.

Millet habitait une petite maison située vers le bout du village et qui n'avait pas même d'étage. A droite de l'entrée, trois ou quatre pièces, où campait sa famille, nombreuse. A gauche, son atelier, rarement visité, car l'artiste était un solitaire. Un jardin, où, dans un pêle-mêle pittoresque, les roses se mêlaient aux tomates et les giroflées aux petits pois, allait jusqu'à la plaine où Millet avait loué un grand champ de pommes de terre, ressource des jours difficiles. L'atelier était très petit, sans autre meuble qu'un divan dont les ressorts cassés semblaient repousser le visiteur. Combien différent des ateliers-musées des heureux peintres à la mode, décorés de tentures, encombrés de bibelots! Le seul ornement de cette cellule était un plâtre des métopes du Parthénon. « Tout est là », me dit le peintre, un jour où, non sans peine, je m'étais introduit dans le sanctuaire. En effet, ce prétendu réaliste, dont les paysans furent longtemps confondus avec les « magots » un peu caricaturaux des Flamands, était un observateur pénétrant, d'œil visionnaire, un imaginatif exalté, mais épris, avant tout, de style. Et le style, il voulait y atteindre, dans le paysage aussi bien que dans la figure humaine, par les simplifications dont il trouvait le modèle et l'exemple dans l'art grec. Je crois que M. Detaille s'est trompé en parlant, à propos de Millet, de je ne sais quelle ignorance ou impuissance du métier. Il le possédait aussi bien que Jacques ou Breton, qui furent, tout en étant aussi de

grands artistes, inspirés de lui. Mais il se
méfiait d'une imitation trop exacte de la
nature. Il se renseignait avec le modèle, —
ce fut souvent sa femme ou sa fille, — il ne
le copiait jamais. Je ne me souviens pas de
l'avoir vu peindre un paysage en plein air.
Mais, le soir, il s'en allait par la plaine, souvent seul, parfois avec Rousseau, marchant
lentement, s'arrêtant, emplissant ses yeux
des effets de lumière et de la coloration changeante des ciels. Et c'est dans l'atelier, transformée par son émotion créatrice, qu'il fixait
sur la toile la vision de *l'Angelus* ou des *Glaneuses*.

Dès l'époque lointaine où remonte mon
souvenir, il y avait déjà un mouvement artistique à Barbizon. Les temps préhistoriques
étaient passés, où, stupéfiant les paysans, un
peintre légendaire et dont je n'ai jamais pu
savoir le nom, allait faire du paysage dans la
forêt de Fontainebleau, emportant avec son
attirail un sabre pour se défendre des voleurs. La « caverne des brigands », où un

industriel, aujourd'hui, exhibe des serpents aux belles visiteuses effrayées, avait, jadis, mérité son nom de repaire. Mais, vers 1855, Barbizon était fréquenté. Ziem avait habité le village, peignant, par un singulier paradoxe, ses vues de Venise dans un atelier donnant sur le Bas-Bréau. Diaz et Gérôme étaient passés par là, laissant un joli souvenir à l'auberge du père Ganne, l'un une guirlande de roses entourant la cheminée, l'autre une frise de goût étrusque décorant le chambranle. Des artistes, dont quelques-uns ont laissé un nom, prenaient pension dans cette auberge du père Ganne, paysan à la fois naïf et avisé, qui entassait ses hôtes dans trois ou quatre chambres, sans se préoccuper de rien, pas même de leur sexe ! Mais Millet ne se mêlait en rien à ce mouvement artistique, à ce milieu où les cancans n'étaient pas inconnus, où les farces d'atelier n'étaient pas rares. Il ne fréquentait même pas Jacques, une façon de disciple pourtant. Mais Jacques, ancien troupier, industrieux et un peu industriel, faisait de tout : de belles œuvres, des tableautins de commerce « pour la marmite »; il élevait des poules et en trafiquait, bâtissait des maisons et cherchait à s'enrichir par le commerce des asperges. Cette variété d'occupations s'arrangeait mal avec l'austérité grave de Millet. Les luttes, la pauvreté prolongée n'avaient ni troublé l'âme de Millet ni aigri son caractère. Mais elles l'avaient fait, de plus en plus, concentré, rêveur, ramassé sur lui-même. Il n'y avait guère qu'un homme venant de Paris, qui vît habituellement s'ouvrir pour lui la porte de la chaumière de l'artiste. C'était un employé de ministère, Alfred Sensier. Cet employé, très économe, s'étant créé quelques ressources, avait une âme de collectionneur à la façon du cousin Pons. Des premiers, il avait cru à la nouvelle école du paysage français, à Rousseau, à Corot, à Dupré. Pour Millet, il lui avait bâti sa maison et était devenu son propriétaire. Millet n'avait jamais d'argent. Par économie, disait-il, moitié plaisant, moitié amer, il avait fait baptiser tous ses enfants adultes, le même jour, pour avoir à payer moins de frais... Propriétaire éternellement impayé, Sensier, aux moments cri..ques du terme, recevait en payement un tableau, une eau-forte, un pastel. Son appartement de Paris était plein de chefs-d'œuvre. Il en mettait jusque dans les cabinets! Les amateurs se souviennent encore de la vente mémorable de sa collection. Il y en eut pour un million. C'est bien le moins que ce grand François Millet, si mal payé en richesse, soit au moins aujourd'hui payé en honneurs et en gloire...

A MONSIEUR LE MAIRE DE VALMONDOIS

Valmondois est en fête ; et ce jour, Monsieur le maire, sera marqué par vous d'un caillou blanc. Vous inaugurez, sur la place de votre bourg, le buste de Daumier, dessinateur et propriétaire à Valmondois. Je devrais être jaloux pour ma cité de Marseille. Daumier y était né. Il était Provençal, comme Taxil Delord, son camarade du *Charivari*. Mais avec la terre natale il avait rompu le lien. On peut remarquer que ce n'est qu'assez récemment que l'esprit provincial a repris ceux-mêmes de nous qui, jeunes, sommes venus à Paris. Les sociétés de provinciaux sont de date assez récente. Daumier, jeune, fut pris par Paris et, vieillissant, par Valmondois. Il est bien vôtre. C'est dans le joli village qu'il a vécu ses dernières années et qu'il est mort, aveugle, lui qui avait eu un œil de voyant et ce don de percevoir et de montrer les âmes à travers les traits des visages. C'est chez vous qu'il est mort, en ce joli coin de l'Ile-de-France si souvent peint par les maîtres du paysage que, lorsqu'on y découvre un aspect pittoresque, on trouve tout naturel de dire : « Ah ! le joli Corot ! Ah ! le beau Daubigny ! »

La façon dont Daumier devint propriétaire en votre contrée est charmante et mérite d'être dite. Le grand Corot — qui, même lorsque la gloire, tardive, fut venue pour lui, resta le « père Corot » — aimait Daumier. Et, comme celui-ci avait, un jour, dit devant lui qu'il lui plairait d'avoir une maisonnette à Valmondois, Corot lui en acheta une. Car, si le « père Corot » était riche, d'ailleurs sans besoins, estimant qu'un homme était heureux avec une boîte à couleurs, des arbres devant soi, de la lumière plein les yeux et la perspective, au soir, d'une omelette au lard chez une cabaretière de belle humeur, avec une bonne pipe après le dîner, Daumier était pauvre. Il ne gagnait pas, en trois ou quatre ans, ce que vaut aujourd'hui une de ses peintures, un de ses dessins rehaussés. Il était de l'époque héroïque de ces grands maîtres que j'ai connus, Millet, Rousseau, pour qui nous savions avoir une amitié mêlée de respect et qui vivaient dans des chaumières, ignorant le petit hôtel et ce luxe et cette élégance où s'amoindrit toujours un peu le génie. Et c'est dans la chaumière, don du « père Corot », que Daumier est mort.

Il me plaît que ce soit là que sa gloire est consacrée par un monument. Je ne crois pas que ce grand mot de « gloire » soit trop fort pour Daumier. S'il ne fut qu'un caricaturiste, il fut celui dont on a pu dire qu'il fut le Michel-Ange de la caricature. Il s'éleva parfois aux hauteurs du drame. Sa *Rue Transnonain* vaut *le Deux Mai* de Goya. Son *Robert Macaire* est épique, comme ses gens de loi. La gaieté spirituelle de Cham paraît mince à côté de lui et le fin Gavarni ne s'affirma qu'en l'imitant, sur le tard. Plus que quiconque, Daumier avait reçu ce don de l'expression auquel la science de la copie ne supplée pas. J'ose dire que, comme Delacroix, il mettait du mouvement jusque dans ses personnages au repos. En quatre coups de crayon il saisissait et il exprimait la vie.

Ce don de donner la vie à ses modèles, de mettre en lumière leur caractère, leurs vices professionnels, en accentuant simplement quelque trait de leur visage et de leur *habitus corporis*, le dessinateur satirique en fit bon usage. De ceci il doit être glorifié. Le crayon, en des mains habiles, est une arme plus puissante et plus redoutable que la plume même. La caricature, parlant aux yeux, demeure, alors que la phrase écrite s'oublie. Si terrible qu'ait été parfois la raillerie de Daumier, son esprit était épris de justice et son âme était bonne. On ne trouverait pas, dans son œuvre, un trait perfide, une insulte aux vaincus, un outrage au malheur. Quand il fut partial, c'est qu'il fut pitoyable. Dans cette arène des partis où nous combattons tous, il alla souvent, l'épée haute, au taureau. Il n'eût pas voulu être le vil *cachetero* qui coupe les jarrets à la bête blessée. Aussi, il fut admiré et ne fut pas à la mode. C'est le bon lot pour l'artiste. Il ne fit rien pour plaire aux vilenies de la foule. Aussi, mort depuis longtemps, il continue à vivre ; et, si modeste que soit son monument, un rayon le dore. Et, quand bien même l'œuvre artistique de Daumier n'aurait pas pris la valeur qu'elle a aujourd'hui conquise, vous auriez encore eu raison, Monsieur le maire, de vous réjouir à voir les vieux et les enfants de votre village saluer l'image du brave homme qui y mourut.

LE FILS DE RENAN

Ary Renan vient de mourir, jeune encore. C'était l'unique fils du grand philosophe poète. Avec lui, une vive intelligence et une âme délicieuse disparaissent. S'éteignent, dirai-je, car ces intelligences et ces âmes éveillent l'idée d'une lueur claire et d'une douce chaleur. Souffreteux, mort relativement jeune, il était disgracié de la nature. Pour appeler les choses de leur nom, il était bossu. Souvent, me demandant quelle peut être la plus grande souffrance humaine, je me suis répondu que ce doit être de se sentir un être d'élite, desservi par quelque infirmité irrémédiable, de celles qui donnent à rire aux méchants et aux sots, c'est-à-dire à la plupart des hommes. Avoir, en sa jeunesse, la tendresse ardente de

Roméo et n'oser ramasser l'éventail de Juliette ! Ne pouvoir, sur des lèvres désirées, voir un sourire sans y deviner la raillerie ou l'aumône de la pitié ! Ah ! que je comprends la révolte désespérée de l'homme, en ce cas, et comme il donnerait son intelligence et tout ce qu'il est de supérieur pour être, fût-ce une heure, un beau et robuste gars, de ceux dont l'audace amoureuse peut indigner une femme, lui faire peur, la blesser même, mais ne la fait pas rire !... Victor Hugo a fait son Quasimodo avec cette antithèse :

> Notre lame,
> Laid fourreau,
> Dans mon âme
> Je suis beau...

La disgrâce physique, d'ailleurs, peut avoir sur les hommes les effets les plus variés. Elle les amène, parfois, à une résignation qui n'est ni sans belle humeur ni sans esprit. D'autres fois, elle les rend méchants, d'une envie que j'excuse. Ou bien, quand leur âme est haute, elle affine en eux la tendresse, l'émotion devant la beauté et devant la douleur humaines. Et, comme ce fut le cas d'Ary Renan, cette tendresse finit par trouver à se satisfaire, et la dureté de la Nature — si mystérieusement marâtre — est payée de compensations.

Certainement, Ary Renan connut les plus belles joies de la vie. Il fut penseur, artiste et savant. Si, de l'héritage paternel, il n'eut pas tout, il en eut, du moins, une part importante et exquise. On a, maintes fois, fait remarquer la part qu'ont eue, dans l'admirable intelligence de Renan, son origine bretonne et ses voyages en Orient. La Bretagne, d'ailleurs, surtout celle d'avant les chemins de fer et l'invasion industrielle et politique, — qui gâte tout, — n'était pas si loin de l'Orient qu'elle l'est par la géographie. La nature a, parfois, des ressemblances morales dans ses disparates les plus violentes.

La lande verte a la mélancolique monotonie du désert aride. L'infini de la mer grise pousse aux mêmes rêveries que l'infini bleu du ciel. La foi du marin breton n'est pas loin, en sa résignation, de la résignation fataliste de l'Arabe. L'un et l'autre se sentent, petits, dans la main de Dieu. A ces deux points si éloignés du monde, le mysticisme et la poésie qui naît de lui, aussi bien par la tradition que par la nature, sont fleurs semblables qui germent dans les cœurs.

Seulement, cette évolution vers la science, qui fut la grande et salutaire crise de l'esprit de Renan, elle se fit tout naturellement chez son fils. Il hésita entre des carrières diverses. Sa curiosité le poussa assez loin dans les études biologiques. Toute sa vie, il s'y intéressa. Notre temps, d'ailleurs, a beau prétendre trouver le progrès et s'approcher de la perfection intellectuelle en spécialisant les facultés de chacun, je ne crois guère au génie des spécialistes qui n'ont pas quelque lueur de tout. Ils pourront être d'heureux inventeurs, mais ils s'éloigneront de l'homme complet qu'il faut tâcher d'être. Quand Ingres jouait du violon, même assez médiocrement, il avait raison contre ceux qui se moquaient de lui. Notre humanité a peut-être moins besoin de spécialistes que d'intelligences ouvertes à tout. Les plus beaux spécimens de l'être humain sont, je crois, ceux de la Renaissance. A quoi ne touchèrent pas ses grands hommes et, même, ses hommes simplement distingués ? Rabelais, curé et docteur en chirurgie, écrivit *Pantagruel* pour se distraire, et Vinci fut plus ingénieur que peintre.

J'imagine que, peut-être, le renom d'écrivain qu'avait son père empêcha seul Ary Renan d'être un poète de la plume. Il écrivit cependant et sut être un critique érudit et inventif. Par instants, la complète étude qu'il a consacrée au grand peintre Gustave Moreau fait penser à la critique de Ruskin, si haute et si bien dépouillée de l'abominable pédanterie professionnelle des critiques qui se font gloire de connaître des secrets de métier, lesquels sont bien peu de chose. Mais c'est surtout comme dessinateur et peintre qu'Ary Renan donna satisfaction au don de poésie qui était en lui. Il fut un des meilleurs élèves de Puvis de Chavannes, et parut même, parfois, pousser à l'outrance la manière du maître. Moins élève, d'ailleurs, et disciple étroit que conduit aux mêmes façons d'expression par une similitude d'intelligence. Pour lui, la peinture — et le pinceau ne peut-il pas être aussi varié et souple que la plume? — ne fut ni l'art qui copie la vie et la nature, ni l'art qui dramatise les actions des hommes en une mise en scène théâtrale, ni l'art brillant et un peu vide du décorateur. Il en faisait un art d'expression des idées pour la figure humaine et d'expression de sentiments pour le paysage. Parfois incertain dans cette expression, — les gens du métier vous diront pourquoi et que ses simplications furent excessives, — il ne peignit jamais sans qu'une pensée ou une émotion fussent en lui, qu'il essayait de faire comprendre ou ressentir à la foule.

La foule, je le reconnais, restait souvent

indifférente, parfois un peu étonnée et railleuse, comme elle l'est toujours devant ce qui trouble son accoutumance. Et puis, dans cet art renouvelé, renouvelé au point de paraître presque nouveau tout d'une pièce, dont Puvis de Chavannes a été le maître le plus haut et le plus fécond, il faut une grande subtilité de goût pour distinguer ce qui est sincère de ce qui est une manière et une mode. Les Botticelliens et les Botticelliennes ont fait un tort immense à Botticelli, d'abord, et, par contre-coup, à Puvis de Chavannes, à Ary Renan et à quelques autres. Les esthètes ont été, pour les esthéticiens, une caricature fâcheuse et compromettante. Nous avons vu trop de modèles à bandeaux plats, à tuniques lâches, portant en main un lys symbolique et menteur, trop de Montmartrois un peu farceurs qui, le talent leur faisant défaut, se contentaient d'avoir du génie. Par un néfaste paradoxe, l'art symbolique, qui dédaignait la mode jusqu'à la braver, a connu les basses flatteries de la mode et ses périlleux engouements. Ceci fut un péril pour lui et, non sans apparence de raison, mit contre lui nombre de gens d'esprit. On se moqua des symbolistes, en tas : et la moquerie, légitime pour les sacristains, ne s'arrêta pas devant les prêtres. Il fallait entendre des critiques « spirituels », comme About, parler de Puvis de Chavannes ! C'était délicieux et misérable. Il est rare, d'ailleurs, que les gens d'esprit fassent autre chose que traduire de façon charmante l'incompétence de la foule. Et les hommes que celle-ci comprend le moins sont, presque toujours, ceux qui ont le plus d'idées générales.

Il importe peu. Ary Renan aura eu cette joie, supérieure à toutes, d'avoir été un de ces artistes heureux qui ont pensé dans une œuvre. Son renom ne fut pas très grand. Mais il restera très pur. Cet essayeur, qui voulut être un peintre d'âmes, n'aura connu qu'une petite gloire, mais de celles que ne souillent pas, en la faisant plus retentissante, la sotte admiration et l'applaudissement mondains. Son lot n'est pas le pire. Il me semble que c'était surtout celui qui pouvait être envié par son esprit fin, mélancolique et exquis. Il y avait assez de gloire retentissante sur son nom. Dans l'œuvre de son père, on dirait qu'il avait choisi ce qui est incertain et tendre, hésitant et mystique, ce qui est le plus délicieux et le moins accessible, et que c'est dans ce coin de l'âme paternelle qu'il ait voulu vivre lui-même.

UNE STATUE A LA CLAIRON

Voici qu'à notre époque où, à côté des statues bien méritées, il y a des marbres un peu complaisants et qui feraient dire à Alceste que, jusqu'à son valet de chambre, tout le monde est mis en médaillon, une femme de grand renom a vu sa statue « faire un four ». Passez-moi ce mot d'argot de théâtre, puisqu'il s'agit d'une actrice : la Clairon. Le maire de Condé, où elle est née, s'était dit qu'une ville qui se respecte ne peut plus se passer d'avoir une statue sur sa promenade. Et, à défaut de grands hommes que Condé n'a pas fournis, il avait songé à la femme célèbre qui y était née — des amours d'aventure d'une ouvrière galante et d'un sergent de la garnison. Mais, outre que les souscripteurs sont restés assez indifférents aux appels de fonds du maire de Condé, les habitants de la ville ont protesté eux-mêmes. Une statue sur une place publique (car celle de la Clairon serait bien à son lieu à la Comédie) doit être un enseignement et un exemple. Or, l'exemple de la Clairon, qui préluda à ses succès d'actrice par la galanterie précoce et outrée, n'était pas pour édifier les jeunes Condéennes. On a déjà approuvé, ici, et défendu contre de trop faciles railleries un scrupule que je trouve également très légitime et très respectable. N'importe! Dans ses *Mémoires*, apologétiques et grognons, qui eussent gagné à être une confession de belle humeur, la Clairon se plaint sans cesse d'avoir été malchanceuse. Elle s'en prend au monde entier, et particulièrement à ses camarades Lekain et Mme Dumesnil, envers qui elle se montra si férocement *rosse*, comme on nous a appris à dire dans la meilleure compagnie. Il est vrai que, lorsque son talent, très souple (elle débuta successivement dans Phèdre et dans Dorine), la désigna pour entrer à la Comédie, il y eut clameur de haro. Le duc de Gesvres, premier gentilhomme de la chambre et surintendant des théâtres, exposa au roi les périls que l'entrée de la Clairon ferait courir à la bonne réputation de la Comédie. Mais le roi était Louis XV, et c'est Mme de Châteauroux, grande amie de l'actrice, qui lui souffla sa réponse. La Clairon débuta par ordre royal. De semblables histoires ne sont pas toujours de vieilles histoires.

Elle avait vingt ans. Depuis sept ans, elle courait le monde, ayant débuté à treize ans, comme danseuse. Sa vocation s'était déclarée en voyant, par une fenêtre de la chambre où sa mère l'enfermait des journées entières, une danseuse voisine prendre ses leçons. La Clairon apprit à danser en profitant de ces leçons de l'autre côté de la rue. Son estimable mère, qui redoutait le théâtre pour la jeune Claire, capitula. Dans le premier engagement de la Clairon, il est spécifié que sa mère aurait un petit emploi, quelque chose comme une place d'ouvreuse. Ceci calma ses scrupules. Et, bientôt, ayant fait de belles connaissances, cette Mme Cardinal, moins décente que celle qu'a chantée M. Halévy, ouvrit table d'hôte, brelan, donnant à souper, à jouer et le reste. C'est dans ce milieu que grandit celle qu'on appelait alors Frétillon. Et du *chauffoir* des artistes (on désignait alors ainsi ce que nous nommons, sans fâcheuse équivoque : le foyer) elle passait chaque soir à la petite maison maternelle.

Le scandale fut grand, même en ce temps de mœurs faciles. Un pamphlet le dénonça, pamphlet attribué à plusieurs écrivains, entre autres au comte de Caylus, diseur de contes galants, mais que la Clairon elle-même prétendit être un vilain acte de vengeance d'un amoureux évincé et que, vertueuse, elle avait repoussé à coups de pelle et de balai. Malheureusement pour l'attitude prise plus tard par Frétillon, devenue une grande artiste amie de Voltaire et du margrave d'Anspach, les rapports de police parlent bien des amants quotidiens de la Clairon, mais oublient de parler de la pelle et du balai dont s'armait sa pudeur. On croirait lire un de ces petits livres secrets que le XVIII° siècle nous a légués en nombre, monotones en leurs récits libertins et où paraissent toujours les mêmes personnages : le grand seigneur, le fermier général (La Popelinière figure ici, naturellement : ce fut le « découvreur d'étoiles » de son temps), le chevalier, 'abbé, le prébendier, le « mylord » qu'on « chambre » pour quelque fâcheuse partie de cartes, le beau militaire et même le coiffeur. Peut-être, en vertu du dicton qui veut qu'on ne prête qu'aux riches, dicton trop vrai, a-t-on quelque peu chargé ces aventures de la Clairon, pour le plus grand plaisir de Sa Majesté Louis XV, qui se délectait à la lecture des cancans policiers et des gazettes secrètes ? Néanmoins, les fureteurs de l'histoire nous

ont donné une lettre de la Clairon à son
« greluchon », le beau capitaine de Besenval,
qui en dit long, se terminant par cette phrase
digne de Manon : « Je ne sais comment cela
se fait, mais j'ai plus de plaisir maintenant
à t'être fidèle, sans même que tu le désires,
que je n'en avais autrefois à te faire une
infidélité. » Ceci est fort net. Et fort nette
aussi la petite note de *l'Observateur des spectacles* : « Tous les *agréables* ou ceux qui les
copient veulent avoir Mlle Clairon, par air :
l'actrice les prend tous, par intérêt, par goût,
par tempérament. » On en peut conclure que,
bien que la Clairon, entrant au « chauffoir »
de l'Opéra, où elle débuta aussi comme chan-
teuse, eût déclaré à ses camarades que « la
première qui l'appellerait Frétillon recevrait
le plus grand soufflet qu'elle eût pu recevoir
de sa vie », Frétillon persistait dans la reine
tragique de la comédie. Alors même que la
Clairon, en pleine gloire, allait quitter la Comédie, le recueil de Maurepas enregistre cette
épigramme :

> De la fameuse Frétillon
> A bon marché se vend le médaillon.
> Mais, à quelque prix qu'on le donne,
> Fût-ce pour douze sous, fût-ce même pour un,
> On ne pourra jamais le rendre aussi commun
> Que le fut jadis sa personne...

Les scrupules des compatriotes condéens de la Clairon nous apparaissent donc comme trop justifiés par l'histoire, même atténuée. Ce ne fut pas, cependant, à la suite de quelque scandaleuse aventure qu'elle quitta la Comédie et fit connaissance avec la prison de Fort-l'Évêque. Tout au contraire. Défendant l'honneur de la Comédie, Mlle Clairon s'était mise à la tête d'une grève des acteurs refusant de jouer en compagnie d'un de leurs camarades, très protégé grâce à la beauté complaisante de sa fille, et qui venait d'être surpris en flagrant délit d'escroquerie. L'affaire s'arrangea pour tous. Mais la Clairon, qui a dit beaucoup de mal du métier de comédien, tout en protestant toujours contre l'ostracisme dont on le frappait encore, ne voulut rien entendre. Elle quitta la scène, à quarante-deux ans, et se réfugia chez Voltaire.

Ce départ de la Comédie marqua une évolution dans la vie de Mlle Clairon et ce qu'on pourrait appeler une nouvelle manière. Tout d'abord, comme nos sociétaires qui prennent leur retraite, elle ouvrit un cours de déclamation. Elle y eut pour élève un jeune comédien, charmant, Larive. Et, pour ce jeune homme, dont elle eût pu être la mère, lui écrivait-elle, elle ressentit une affection qu'elle a voulu nous faire croire, qu'elle a cru peut-être elle-même être maternelle. Peu après, le margrave d'Anspach, qui avait connu Mlle Clairon en ses voyages à Paris, l'appelait à sa cour. Ce ne fut pas une des moindres bizarreries de ce XVIIIe siècle, qui avait vu Voltaire attiré à Berlin et Diderot à Saint-Pétersbourg, de voir encore un prince régnant donner une sorte de situation officielle auprès de lui à la femme qui avait été Frétillon ! Maîtresse, lectrice, conseillère privée, que fut la Clairon auprès du margrave ? Tout cela peut-être. Mais ce qui est aussi remarquable que l'aventure, c'est la façon dont elle s'en tira. La fille galante, sans instruction, sans orthographe, sans autre maître que le maître à danser dont elle surprenait les leçons par une fenêtre, s'assimila si bien toutes choses qu'elle fut quasiment supérieure au rôle, bien difficile cependant à jouer, qui lui fut dévolu à la cour du margrave. Elle en eut l'intelligence et le tact, et justifia cette parole que les femmes sont plus aptes à deviner tout qu'à apprendre quelque chose. Il est certain, d'ailleurs, que Mlle Clairon fut douée d'un instinct sûr qui, au théâtre, fit d'elle une réformatrice et une initiatrice d'utiles nouveautés. Elle devança Talma dans le retour à la vérité du costume de la tragédie : et, si Talma causa un vrai scandale en jouant Néron bras et jambes nus, elle n'étonna pas moins en poussant l'amour de la vérité jusqu'à vouloir jouer en chemise le personnage de Didon sautant hors de la couche d'où Énée avait fui. Mais, et ceci est plus sérieux, elle supprima les paniers, simplifia la déclamation outrée et fut des premières à vouloir que l'art du comédien sût s'inspirer de la nature. Ceci lui vaudrait bien, aux lieu et place de la statue refusée, un buste à la Comédie, où l'on doit se souvenir de Phèdre et où l'on peut, sans inconvénient, avoir oublié Frétillon !

SOUVENIRS

Les renommées contemporaines elles-mêmes ont souvent quelque difficulté à se défendre contre l'irrespect des jeunes générations. J'ai eu de la peine à le croire, mais il a fallu me rendre à l'évidence. Dans certains milieux littéraires qui ont fini par avoir de l'importance à force de s'en donner, on parle déjà de Victor Hugo comme nous parlions à peine de l'abbé Delille! Je n'aime pas cet irrespect. En toutes choses, certes, il faut aller de l'avant, se faire libre des formules, croire à la nouveauté. Mais, de même qu'on ne gravit pas un escalier sans s'appuyer sur une marche pour franchir la suivante, faute de quoi on risque de tomber, on avance mal si on ne s'appuie pas d'abord sur quelque tradition. En littérature particulièrement on doit toujours quelque chose, et souvent beaucoup, à ceux qu'on dépasse et qu'on remplace. Dans ce dédain des « vieilles bêtes », si à la mode aujourd'hui, il y a une ingratitude des esprits qui ne vaut guère mieux que l'ingratitude des cœurs. Les plus grands parmi nous se sont défendus de cette ingratitude. Renan me disait un jour qu'il se sentait un scrupule à gagner de l'argent avec ses livres. Car, affirmait-il, est-ce que les idées que je vends sont miennes? Et aurais-je jamais pensé si d'autres n'avaient pensé avant moi?

Cet irrespect envers les « ancêtres », qui est un des traits essentiels de la jeune génération d'aujourd'hui, incline à inventer de faux talents pour ne pas rendre hommage aux véritables, ce qui est, au fond, une forme de l'envie impuissante. Je rends à la génération dont je suis cette justice qu'elle ne le connut pas. Nous eûmes ce mérite et cette joie profonde de savoir admirer. Si on m'eût demandé, ces jours-ci, quel était mon idéal à vingt ans, j'aurais répondu qu'entre autres choses, et peut-être tout d'abord, c'était de connaître les lettrés et les artistes célèbres dont le nom éblouissait ma jeune imagination. Ce vœu fut satisfait. Tout gamin, — et ce fut un des beaux jours de ma jeunesse, — j'eus cette joie d'être chargé de porter un message de quelque importance à V. Hugo et à Pierre Leroux en exil. Le jeune Eliacin entrant pour la première fois dans le sanctuaire et soulevant le voile de pourpre qui cachait l'arche d'alliance et le chandelier à sept branches au regard des profanes n'eût pas, certes, une plus profonde émotion d'horreur religieuse que celle que j'éprouvai en frappant à la porte de Hauteville house. Je balbutiai mon nom et déclinai ma mission à une belle et fraîche servante, qui me rassura en riant : elle était mieux familiarisée avec la majesté du dieu. L'accueil fut d'ailleurs exquis : Hugo était de vieille courtoisie, et je vis bien que mon embarras ne lui déplaisait pas.

Avec Pierre Leroux, cet embarras se conpliqua d'étonnement. Le vieux philosophe, ingénieux et délicat en ses écrits, avait l'aspect le plus singulier du monde. Il était resté à Jersey après l'algarade de Félix Pyat, qui contraignit Hugo à quitter l'île, et il habitait une ferme non loin de Saint-Hélier. J'entrai, car personne n'était là pour m'introduire, dans une immense pièce mal éclairée, véritable capharnaum. Il y avait de tout dans ce *hall:* des livres, des papiers épars, des penderies de loques, des instruments d'agriculture, des ustensiles de ménage, des sacs renversés de blé et de pommes de terre où picoraient des poules noires. Au milieu de ce désordre, Leroux était assis à une table faite d'une planche posée sur des tréteaux, vêtu d'une vieille houppelande râpée, sa tête embroussaillée couverte d'un chapeau haut de forme que l'usure avait fait rougeâtre, et le cou enveloppé d'un foulard jadis blanc qui eût certainement gagné à être primitivement noir. Mais quel charme quand ce vieil homme plus que négligé qui, avec ses grosses lunettes rondes, avait l'aspect presque comique d'un Faust campagnard, se mit à causer avec moi! Quelle autorité douce dans son discours! Quelle malice dans sa parole quand, sans trop décourager mes enthousiasmes, il me laissa voir qu'il en était à regretter les siens! Puis, quand vint la nuit, m'ayant expliqué qu'il s'était fait fermier, il me dit, non sans une coquetterie de patriarche et de laboureur : « Allons au-devant des Leroux qui rentrent des champs. » Et, bientôt, nous rencontrâmes toute une tribu, hommes, femmes, enfants, chargés de gerbes, portant la faux, le râteau et la faucille. Spectacle rustique et virgilien, non sans charme, mais peu en rapport avec ce que je pouvais m'imaginer de la vie d'un polytechnicien ancien représentant du peuple... Mais Leroux, de même qu'il avait eu un génie vraiment encyclopédique, avait fait tous les métiers. Le rédacteur de la *Revue des Deux Mondes* qui avait traduit *Werther* de l'allemand et le *Livre de Job* de l'hébreu, avait été maçon avant d'être typographe. Et, à ce propos, il est assez piquant de savoir que l'idée première de la machine à composer, qui entre aujourd'hui dans l'usage, est de Pierre Leroux. Il avait eu l'idée du clavier remplaçant les doigts de l'ouvrier et inventé le « pianotype ». Son idée a triomphé. Elle entre dans la pratique. En sera-t-il ainsi quelque jour de son autre invention : la Religion de l'Humanité ?

Mais on n'a pas toujours la chance, même quand on conspire un brin, d'être envoyé tous les jours en mission ou, mieux, en commission auprès des grands chefs ! Je dus satisfaire cette curiosité des grands hommes, qui m'était commune avec ma génération, en allant les contempler, — plus simplement, — au café. Peut-être est-ce parce que je n'entre plus dans les lieux publics que lorsque la soif me pousse à y prendre un verre de bière, sans m'y arrêter, mais il me paraît que les brasseries d'aujourd'hui dites littéraires, où les femmes et les acteurs ont leur accoutumance, ne ressemblent pas tout à fait aux « cafés littéraires et politiques » que j'ai connus en ma jeunesse. Peut-être, pour que ces cafés prospèrent et gardent leur caractère de cénacle un peu fermé, faut-il qu'il existe dans le pays une opposition au pouvoir, nombreuse, fortement constituée et qui a besoin de centres de rendez-vous et d'action ? Ce n'est plus le cas aujourd'hui. Quoi qu'il en soit, les cafés politico-littéraires jouèrent un assez grand rôle sous l'Empire, rôle utile à l'opposition et aussi à la police, qui ne manquait pas d'avoir, là, des représentants, selon la tradition. Et, selon la tradition aussi, on les connaissait, on les soupçonnait tout au moins et on leur faisait toutes sortes de farces, souvent très drôles. Quand les choses ne sont pas poussées au noir, comme sous la Restauration, et que le « mouchard » n'est plus un personnage tragique, un Homodei qui tient la vie des gens dans sa main, il devient un

grand élément de gaieté dans une société de
Parisiens de belle humeur. Le pauvre homme,
pour gagner son argent, doit raconter à la
« Maison » ce qu'il entend dire et on lui confie de bonnes histoires. Je m'en suis convaincu en lisant un jour mon dossier à la
préfecture de police. C'était tout à fait réjouissant, et je n'aurais jamais cru être un personnage si redoutable et si surveillé...

Le plus célèbre de ces cafés a été le café
de Madrid, rendez-vous des correspondants
de journaux, où, de cinq à six, on écrivait
fiévreusement à des feuilles de province, plus
libres, alors, que les journaux de Paris, —
tel *le Phare de la Loire*, — et à des journaux
de l'étranger, *l'Indépendance belge*, *l'Europe*
de Ganesco, où les Parisiens trouvaient des
malices et des cancans inédits et, parfois, des
nouvelles que la presse de Paris, plus surveillée, n'eût pas osé leur donner. « Je viens
de lire les journaux de Londres, j'ai des
nouvelles de Paris », disait déjà un mécontent
sous le premier Napoléon. Notre jeu ordi-

naire était de répandre dans le monde entier les plus abracadabrantes fausses nouvelles, en les confiant, sous le sceau du secret, à un bon et joyeux « pochard », Théodore Pelloquet, qui ne savait jamais que dire, sa première absinthe bue, au journal belge dont il était le hasardeux correspondant. On a souvent, — les hommes qui passèrent par ce café de Madrid étant arrivés pour la plupart à la notoriété et quelques-uns à la célébrité, car le café, lui aussi, a pu mener à tout, à condition de n'y pas rester, — on a souvent évoqué les souvenirs de ce lieu de rendez-vous. Il était vivant et aimable. Clément Duvernois, qui y fréquentait, le regretta quand, par une assez singulière aventure, il devint ministre de Napoléon III. « L'ennuyeux de la politique, disait-il avec un peu de cynisme tempéré par la mélancolie sincère du propos, c'est qu'il ne faut pas seulement changer d'opinion, il faut encore changer de café... » Ministre, il regrettait les camarades de l'opposition, qui lui faisaient grise mine.

Il avait été, parmi nous, un des plus hardis et des plus vaillants compagnons que j'aie connus. Je ne sais pas si un peu de tyrannie n'est pas un fortifiant pour les âmes, comme un peu de contrainte est un adjuvant du talent? Quoi qu'il en soit, la haine de l'Empire avait fait, pour maints de nous, de solides et dévouées amitiés avec les camaraderies professionnelles, un peu banales et incertaines d'ordinaire. Le métier de journaliste ayant ses difficultés et ses périls même, on aimait à s'y sentir les coudes comme au moment de la bataille.

De là des amitiés qui devenaient fraternelles, allant jusqu'à créer des existences en commun. Une partie de la bande que Clément Duvernois inspirait et dirigeait, grâce à l'autorité acquise par ses polémiques de presse en Algérie, qui lui avaient valu la consécration enviable de la prison, habitait en communauté une grande maison adossée à la colline de Montmartre. Cette maison, véritable placard, ne recevant l'air et la lumière que d'un côté, présentait cette bizarrerie architecturale que, lorsqu'on l'abordait par le midi, l'appartement de nos amis était au cinquième étage et que, lorsqu'on y accédait par le nord, il se trouvait au rez-de-chaussée...

Oui. Mais de ce perchoir paradoxal et peu confortable on apercevait Paris à ses pieds. Je ne sais pas de vue plus troublante, plus suggestive que celle de la grande ville qu'on domine. L'imagination en ressent je ne sais quel vertige des sommets.

Aussi mystérieux, aussi immense, le jour, avec ses fumées lointaines sous le soleil et le bruit assourdi de son activité que mystérieux et immense, la nuit, avec le firmament terrestre de ses lumières et le murmure de sa respiration de géant endormi, Paris, ainsi vu, est hallucinant pour l'imagination d'ambitieux de vingt ans. On se sent l'apôtre sur la montagne, Moïse sur le mont Nébo découvrant la Terre promise, ou bien le conquérant, Napoléon devant Madrid ou Moscou, qui vont être à lui. Et c'est ainsi, un peu apôtres, un peu conquérants, que nous regardions ce Paris qui, après tout, s'est donné parfois au mérite et souvent à l'audace vaillante.

Aussi, nos distractions — qui valaient bien les records de bicyclette — furent de rédiger des Constitutions pour les offrir au peuple — tout simplement. L'Empire devait toujours tomber la semaine suivante. Il fallait être prêt. Cet état d'esprit, où il se mêlait de l'enfantillage à une foi presque mystique en l'avenir, persista assez longtemps, chez quelques-uns au moins parmi nous. Je tire de ma bibliothèque la collection très curieuse d'un journal-pamphlet de 1869 : *le Diable à quatre*. J'y trouve un numéro, rédigé par M. Paschal Grousset, qui, fort audacieusement, regardant comme faite la révolution qui devait nous venir, hélas! de la défaite, distribuait les emplois électifs et gouvernementaux. Déjà, Gambetta est à l'Intérieur,

J. Simon à l'Instruction publique, Ferry aux Affaires Étrangères. Les moins qualifiés ne sont pas oubliés. Moi-même, député, entre Flourens et Flaubert, à mon rang d'alphabet, je suis, en plus, colonel d'une légion de la garde nationale. Ceci, je pense, parce que Grousset m'avait vu au café avec des bottes de cheval et éperonné comme Murat, ce qui était d'ailleurs d'un goût déplorable ! Or, toutes ces prévisions du pamphlet, la révolution du 4 septembre ou la Commune les réalisèrent à peu près.

Mais, en 1869, on pouvait faire le prophète. Le phénomène était plus curieux d'une réunion de vingt à trente jeunes gens qui, en pleine prospérité de l'Empire, presque au lendemain de cette Exposition de 1855 qui fut une apothéose, rédigeaient froidement, avec une assurance imperturbable, la Constitution de la République future. Et, ce qu'il y a de piquant encore, c'est que ce rêve d'être législateur se réalisa pour plusieurs d'entre eux. Duvernois fit mieux. Il fut ministre et, un peu pressé, n'attendit pas la République. Mais, sans parler de quelques-uns, vivant encore, et personnages officiels et parvenus haut, que je pourrais embarrasser en rappelant ces belles folies, A. Lefaure, qui mourut député et rapporteur du budget de la guerre, avait été ministre de la guerre dans notre Convention en chambre.

Nous nous réunissions rue Notre-Dame-de-Lorette, chez Charles Habeneck. Petit-fils du grand chef d'orchestre fondateur des concerts du Conservatoire, Habeneck, admirablement doué, paraissait être celui de nous tous qui irait le plus loin dans les lettres et la politique. Il lui manqua la persévérance et le vouloir. En causeries, en flâneries, il dispersa sa vie, ne laissant après lui, à sa mort, que deux ou trois volumes, une traduction de pièces ignorées du théâtre espagnol, notamment du drame de Francisco Rojas : *Hormis le roi, personne*, à qui *Hernani* doit quelque chose, et un volume de « Nouvelles espagnoles » qui a de la couleur. Et combien d'autres, parmi les membres de cette Convention du quartier Bréda, qui sont aussi morts! A côté de ceux qui réussirent dans les lettres et dans la vie publique, combien qui s'embourgeoisèrent doucement, comme notre secrétaire E. P.·., qui voulait être historien et fut commis d'agent de change, et qui brûla, pour faire plaisir à sa femme qui nous prenait pour de dangereux révolutionnaires, les comptes rendus de nos séances et notre projet de Constitution! Je l'ai regrettée, cette Constitution; elle en valait bien d'autres dont la fortune fut plus heureuse; et on y trouverait, aujourd'hui encore, bien des *desiderata* insatisfaits d'équité généreuse et de pitié sociale... Car nous avions, parmi nous, toujours écoutés et nous convertissant parfois à quelqu'une de leurs idées (car nous étions au temps où les belles chimères ne font pas peur), deux ou trois socialistes résolus.

Le plus étrange et le plus violent de tous était un homme d'une trentaine d'années, notre aîné, qui s'appelait Duvivier. C'était un personnage singulier, taillé à coups de serpe, fort, à la mâchoire rude et d'aspect très *escalabreux*, dirais-je pour faire plaisir aux amateurs de nos vieux mots pittoresques. Ce Duvivier était tout feu et fumée, flamme et scories, et nul n'évoqua mieux pour moi, dans la vie contemporaine, le neveu de Rameau tel que le peint Diderot. Je remarquai en lui cette bizarrerie, qu'il portait un chapeau de paille en hiver et un chapeau de soie en été. J'ai su depuis que, très pauvre, n'achetant un couvre-chef que lorsque celui qu'il portait était hors d'usage, il n'était jamais arrivé à faire coïncider ses facultés d'achat avec les saisons... Il avait composé un drame ayant Platon pour héros et essayé de l'écrire en vers. Mais, chose singulière et que j'ai pourtant observée assez fréquemment, cet homme plein d'idées, éloquent dans le discours improvisé, était incapable de tout travail de suffisante tenue littéraire. Il me donna son drame, que je récrivis en vers passables et que je portai à l'Odéon — naturellement. La Rounat, alors directeur, me le rendit en me conseillant, d'une douce ironie, de le porter à la *Revue des Deux Mondes*, d'où l'on m'écrivit poliment qu'il avait toutes les qualités requises pour être joué à l'Odéon... Comme notre Constitution, ce drame a disparu, ainsi que mon collaborateur qui, après mainte aventure de bohême un peu risquée, a fini par se faire fusiller sous la Commune. Je l'ai regretté. J'ai regretté mon drame aussi. Je me souviens du dernier vers, l'adieu de l'héroïne à Platon qui a repoussé son amour :

Il emporte, en partant, la moitié de mon âme.

Et c'est aussi une moitié de ma vie, toute ma jeunesse, qui fut emportée, comme celle de ma génération, par la brusque et effroyable cassure de 1870. Devant cette réalité, véritable divorce avec le rêve aimé, devant la double horreur de l'invasion et de la guerre civile, les chimères prirent leur vol, et c'est à peine si mon œil lassé les vit encore parfois passer dans les lointains des cieux, les belles chimères de notre jeunesse ! N'importe ! Nous sûmes aimer et admirer nos maîtres et, avec le respect du passé, nous eûmes la foi en l'avenir. Je souhaite à la jeunesse d'aujourd'hui de pouvoir en dire autant quand elle en sera à ce moment de la vie où l'on vit moins dans le présent qu'on ne revit dans l'autrefois...

MAXIME DU CAMP

S'il est vrai que les romanciers empruntent presque toujours à la vie réelle le type de leurs personnages, que leur génie transforme, complète et grandit, il est non moins exact que beaucoup d'hommes cherchent dans l'œuvre des romanciers quelque figure de héros dont ils se font un modèle. Je ne sais si M. Maxime Du Camp, dont la mort me cause une émotion douloureuse et mélancolique, ravivant les souvenirs de ma jeunesse, fut sciemment de ces hommes qui se font un personnage d'après leurs admirations littéraires ; mais, lorsque, au commencement de l'Empire, j'entrai dans son intimité, il apparut à mon esprit charmé et naïf de jeune homme comme un héros de la Comédie humaine. Resté presque inconnu du grand public, malgré des travaux qui eussent dû le rendre populaire, si l'approbation de la foule n'était réservée à ceux qui l'amusent ou l'étonnent, Du Camp, à cette époque, eut une réelle influence sur un groupe de jeunes gens, par qui il aimait à s'entendre appeler « le maître ». Mais c'était un « maître » encore fort jeune lui-même, et combien séduisant et indulgent! Il habitait alors, rue du Rocher, un petit hôtel, maison mystérieuse de conspirateur et d'homme à la mode, dont l'intérieur arrangé avec coquetterie, non sans une certaine mise en scène, révélait par ses détails la vie de celui qui y logeait. Du Camp, à cette époque, était un des trois directeurs de la *Revue de Paris*, avec Laurent Pichat et Ulbach. C'est là que fut publiée *Madame Bovary*, le premier roman de Flaubert, alors inconnu. L'œuvre fut poursuivie comme « immorale ». Nous avons bien progressé depuis! Flaubert fut défendu par Sénart, dont la plaidoirie est demeurée célèbre. Malgré le retentissant éclat de ce procès, la *Revue* végéta jusqu'en 1858, où, après l'attentat d'Orsini, on la supprima. Très accueillante aux jeunes gens — c'est là qu'imprimé pour la première fois, je publiai un sonnet où je désespérais de la vie, comme il convient quand on a vingt ans! — la *Revue* fut le premier organe d'opposition contre l'Empire. Ulbach y était secrétaire de la rédaction; Laurent Pichat s'occupait de la politique intérieure; Du Camp y était le ministre des affaires étrangères. Il avait beaucoup voyagé. Romanesque et romantique, son premier départ de Paris avait été motivé par une aventure d'amour. Un mari jaloux, peu curieux de se mesurer avec un jeune homme brave et friand de la lame, l'avait simplement exilé. Du Camp fit deux voyages en Orient, avec Flaubert et, je crois, avec Louis de Cormenin; au second de ces voyages, il était chargé d'une mission. Il poussa jusqu'à Karthoum et en rapporta un livre très documenté et, surtout, un admirable album de photographies. La maison de la rue du Rocher était pleine de souvenirs de ces voyages d'Orient. Du Camp lui-même aimait à s'habiller en Arabe. Grand, maigre, basané, les cheveux crépus et la barbe courte et frisée, il était superbe sous les tuniques d'un cheikh. Il avait, comme Gautier, son ami, le goût un peu puéril des costumes exotiques, et son rêve d'alors fut d'être un explorateur. « Je suis né voyageur », dit-il, dans ses poésies, et

J'ai, comme le Bédouin, le pied sec et cambré.

Avant d'avoir pu satisfaire, au moins en partie, ce penchant vers les découvertes en pays inconnus, il le contentait en France. A. Decourcelle, qui fut un de ses amis de la première heure, me racontait qu'un matin on vint l'appeler et le faire descendre dans la rue. Du Camp venait lui faire ses adieux. Le voyageur était à cheval, vêtu d'un gilet de peau de panthère sous un veston de velours, des pistolets à ses arçons : il partait pour...

Etretat! Le romantisme n'empêcha pas Du Camp d'être un voyageur très attentif, très consciencieux. Même en ce temps de fantaisie, une qualité maîtresse existait en lui et le dominait : c'était un grand esprit d'ordre, une conscience extrême dans son labeur, une curiosité qui ne se satisfaisait pas d'à peu près. Dans ce poète, dans ce nomade et dans ce viveur, il y avait, au meilleur sens du mot, un admirable chef de bureau. De ses voyages en Orient, il avait rapporté des documents précieux : de ses excursions en Italie, il avait retenu des amitiés qui influèrent sur sa vie. Dans les après-midi du dimanche, à l'hôtel de la rue du Rocher, avec les grands artistes qui y fréquentaient, tels que Gautier ou Fromentin, nous nous montrions les patriotes italiens ou hongrois, Manin, Bixio, Turr, Klapka. La *Revue de Paris*, avec la discrétion alors imposée à la presse, non sans une secrète sympathie de l'empereur, ce qui ne la sauva pas, était l'organe des revendications nationales. Du Camp, qui, dans ses romans, a raconté les aventures des carbonari italiens, avait des attaches parmi les derniers survivants de l'époque héroïque : et, quand Garibaldi entreprit l'expédition des Mille, il fut parmi les volontaires. Il avait toujours aimé le métier de soldat. En juin 1848, sa conduite dans les rangs de la garde nationale lui avait valu la croix. Un projectile dangereux et bizarre, une tringle de rideau, lui avait traversé la jambe. L'expédition des Mille, où il fut correspondant des *Débats* et de *l'Opinion nationale*, lui fut moins fâcheuse. Il y fut blessé pourtant, mais en tombant de cheval, ce qu'il ne voulut jamais avouer! Ce goût de l'aventure militaire, de la vie active du chasseur et du voyageur, de l'homme de sport, se traduisait aux yeux dans ce logis de Du Camp, si « suggestif », comme on dit aujourd'hui. A côté d'un portrait de femme habillée en religieuse, c'étaient les épées du duelliste fixées au mur; sur la table, près d'un presse-papier, où une superbe tresse blonde — sacrifice, hommage et souvenir d'une grande dame — se laissait voir sous le cristal, c'étaient les pistolets de la route, les pistolets d'Etretat; et, dans la chambre, au-dessus d'un lit de soldat, à la tête duquel était accrochée une mignonne montre de femme dont le ressort fut brisé à l'heure du premier rendez-vous, toute une panoplie d'armes de guerre, comme sous la tente de quelques chefs d'expédition. Tout cela rangé avec ordre et méthode, avec coquetterie même, car Du Camp, dans la fantaisie de ce qu'on peut appeler sa première manière, côtoya la bohême, mais n'y tomba jamais. Ses façons de vie, sa tournure d'esprit, son *habitus corporis* restèrent toujours aristocratiques, sans morgue, d'ailleurs, et d'une bonne grâce parfaite, malgré des poussées d'impertinence hautaine. C'était surtout un causeur exquis, sachant, à la fois, intéresser les hommes et plaire aux femmes.

Du Camp pendant la campagne des Mille, fut, je l'ai dit, le correspondant de *l'Opinion nationale* que venait de fonder Guéroult. Il avait connu celui-ci chez le P. Enfantin. Vers 1855, en effet, le monde saint-simonien, dispersé depuis le procès de 1832, essaya de se reconstituer sous une forme nouvelle, moins héroïque, mais encore curieuse et suffisamment étrange. Du Camp fut des adeptes les plus fervents. Il avait été « amené à la doctrine », comme on disait dans ce milieu, par Lambert bey, qui, après être resté vingt ans, en Égypte, directeur de l'Observatoire, venait de rentrer en France. Les souvenirs d'Orient aidant, Du Camp fut séduit par Lambert, un des plus grands capteurs d'âmes que j'aie connus, sorte de Socrate ignoré. Lambert faillit convertir le P. Gratry au saint-simonisme! Il y convertit Du Camp. Le sceptique Parisien, l'homme à succès et à aventures, eut sa période de mysticisme religieux. Ses poésies, oubliées, mais non sans valeur, en font foi. Tel poème des *Convictions*, est un exposé dogmatique des idées d'Enfantin. Du Camp assistait aux fêtes et aux prédications de la rue Chaptal. Il baisait « le Père » au front, comme les adeptes. J'ai vu un portrait de lui où, les bras ouverts en croix, les mains sur les épaules des deux autres membres de la Trinité, il figure entre Lambert, le maître, et Enfantin, le Père.

On se demande comment l'homme qu'évoquent ces souvenirs hâtifs, mais précis, put devenir le conservateur, le classique, l'académicien, presque le catholique que l'on sait, et comment un poète romantique, dont le chapeau mis de travers semblait défier toutes les choses officielles et convenues, fut le sage d'aujourd'hui? On a raconté que Du Camp, qui s'était rapproché de l'Empire libéral sous l'influence aimable de la princesse Mathilde, grande amie de Flaubert, avait trouvé son chemin de Damas sur la route du Sénat, où il devait entrer. Sans nier ce projet ou cette ambition, je pense que l'évolution de Du Camp, qui nous a valu ses plus belles œuvres et son travail de bénédictin ému et philosophe sur Paris, fut plus désintéressée. A sa nature intime, à son âme et à son intelligence, les circonstances, les amitiés, les nobles enthousiasmes de la jeunesse, qui dévoient parfois, mais qu'il ne faut jamais regretter, avaient superposé quelque chose d'artificiel et de voulu qui disparut devant les leçons de l'expérience et peut-être aussi sous la main de la douleur. Du Camp connut, en effet, les pires souffrances morales. Ceux qui ne savent pas le secret de sa vie ont pu s'étonner qu'en 1870 le brillant garibaldien ne fût pas dans les rangs des soldats de son pays et restât, prisonnier volontaire, dans son chalet du grand-duché de Bade. Il connut, à ce moment, la pire angoisse que puisse connaître un homme ; pris entre deux devoirs, il se sacrifia, dût-il en être calomnié, au moins facile à remplir. Mais, de cette époque, date cette transformation complète de son esprit. On eût dit qu'il eût voulu se punir de son inaction par une retraite volontaire. Tout entier, il s'adonna au travail, au travail qu'il trouvait utile. Il dut, touchant à toutes les misères sociales, aborder l'étude de nos guerres civiles.

C'est une œuvre qu'on n'accomplit jamais sans commettre des erreurs, que les partis tiennent pour des crimes. Ce que je puis affirmer, c'est que Du Camp apporta dans sa besogne de greffier et de juge la conscience attentive qui est la marque de ses travaux et donne du prix à tous. Si, au point de vue des idées, il alla peut-être un peu loin parfois dans son goût de la conservation et dans sa passion de la défense sociale, rien ne peut être reproché à son cœur, de plus en plus délivré des égoïsmes passionnés et des vivacités de la jeunesse. C'est de cette jeunesse que j'ai voulu évoquer le souvenir, en ayant été le témoin. Et, quelle qu'en ait été la fantaisie, parfois un peu audacieuse ou puérile, c'est encore, à mon sens, un éloge à faire d'un vieillard qui disparaît de pouvoir rappeler qu'il a eu la joie et la sagesse d'avoir été jeune en son temps!

ÉDOUARD HERVÉ

Nous revenons des obsèques d'Édouard Hervé. Elles ont été graves, recueillies, émouvantes pour moi. Que de souvenirs évoqués par la mort de cet homme, qui fut des mieux doués parmi ceux de ma génération et qui fut mon ami de jeunesse!

Dans la vie de tout homme, quel que soit le sort que lui réserve sa destinée, il y a une époque qu'on peut appeler l'âge héroïque. C'est l'heure où le jeune homme entre dans la carrière, engage la lutte, presque toujours sans autres armes en main que son intelligence et sa volonté. A ce moment, il a des espérances, il s'est fait un plan pour sa vie, espérances et plan que le sort jaloux ne réalise presque jamais. Ce fut, pour une part, le cas d'Hervé, comme celui de tant d'autres. Certes, on ne peut pas dire que la vie lui fut trop dure et que son effort n'y fut pas couronné de succès. Il meurt, très estimé, même de ses adversaires, riche, membre de cette Académie française, sottement décriée et qui est dans le désir de tous les lettrés. Mais Hervé réussit aux choses qui ne furent pas le rêve de sa jeunesse. Les affaires, par exemple, où il montra une haute intelligence, lui inspiraient d'abord comme une terreur. Il en avait vu les périls et les mécomptes avant d'en savoir les avantages et d'en acquérir le goût, au contact, sans doute, de l'ingénieux financier qui fut son beau-père.

Quand je le connus, surtout au moment où il venait passer des semaines dans mon petit « vide-bouteilles » campagnard de Fontainebleau ou de Chatou, il sortait de l'École normale. Son père, universitaire à la Réunion, l'avait dirigé dans cette voie, et Hervé avait été un écolier admirable. Il avait renouvelé, au concours général, les exploits scolaires des Weiss, des About, des Paradol. Mais sa santé, qui fut toujours douteuse, l'éloignait de l'enseignement fatigant des classes. Sans fortune alors, quoique très régulier d'existence en son appartement de jeune homme qui, par l'ordre qui y régnait, ressemblait à un appartement de vieux garçon, il devint l'instituteur de M. Casimir-Perier. Par là, il entra et se fixa dans le monde orléaniste, où se modifièrent ses opinions, alors assez avancées, surtout dans l'ordre philosophique. Ce créole, au parler doux et lent, aux lèvres sensuelles, au regard charmant, pauvre, mais de tenue parfaite, apparaissait comme un personnage balzacien, timide, passionné et de haute ambition. Son désir, qui persista toute sa vie, était d'arriver à l'exercice direct du pouvoir, ministre ou diplomate. Non seulement il y préparait son intelligence par un travail acharné, mais il pliait son corps rebelle aux nécessités de la vie dont il rêvait. Très brave, mais mal doué pour les sports, il essayait de devenir un homme d'épée ; et, à l'exemple des hommes d'État anglais, il montait à cheval, comme Paradol et aussi mal. Dès ce moment, mélange singulier et charmant de doctrinaire et de romantique, il évoquait l'heure où il forcerait l'histoire à se souvenir de son nom. Entre le suffrage universel domestiqué de l'Empire et le suffrage universel un peu aveugle de la République, il ne trouva pas son heure et sa place. Il fut battu à Paris, et, à Marseille, j'eus, avec lui, adversaire ami et courtois, l'honneur un peu amer de nous voir préférer le vieil énergumène Félix Pyat. Dans ses campagnes politiques, aussi bien quand il fit la guerre, dans *le Courrier du Dimanche*, à M. de Persigny, que lorsqu'il aborda la lutte avec le suffrage universel, Hervé montra une volonté, une intelligence, une vaillance extraordinaires. Ce qu'on lui connut, sur le tard, de mélancolie un peu attristée, jamais aigrie, vint, en grande part, de cette déception de s'être vu écarter par le sort de la politique agissante. Son renom de grand journaliste, son fauteuil de l'Académie compensaient mal, pour son âme ardente sous des dehors froids, le regret de n'avoir pu être l'homme d'action qu'il sentait exister en lui. Sous l'Empire, dont il s'était rapproché avec *le Journal de Paris*, il eût voulu entrer au Parlement et devenir un Clément Duvernois moins aventureux. Lorsque Thiers, après 1870, appela à lui la jeunesse libérale, Hervé demanda à l'accompagner dans son voyage diplomatique à travers l'Europe; Thiers lui préféra Rémusat. Ce n'est pas que les hommes au pouvoir aient, de tout point, méconnu les hauts mérites d'Hervé. Mais on lui offrit des places et d'occuper une fonction, alors qu'il voulait jouer un rôle. C'est ainsi que, peu à peu, l'âge vint et, avec lui, la lassitude. Tandis que mon ami s'en va, loué par la foule d'avoir bien fait tout ce qu'il a fait, nous sommes quelques-uns dans le secret de la tristesse de cet homme éminent qui ne fit pas dans sa vie ce qu'il voulait faire... Et, devant son cercueil honoré, j'évoque la grandeur du rêve de sa jeunesse, dont je fus le confident, ayant eu, moi aussi, mon rêve de l' « époque héroïque », qui ne put pas, non plus, ouvrir ses ailes...

M. DE LACRETELLE

En ces jours singuliers et tragiques, où la veillée d'un mort qui fut le premier magistrat de France a été troublée par les clameurs de la rue, on n'a guère eu d'attention pour les événements d'intérêt secondaire. Pourtant, mon souvenir s'est arrêté un instant sur l'homme original et excellent que fut M. de Lacretelle, qui vient de mourir et qu'on a silencieusement enterré. Il m'a semblé que cette figure de disparu valait quelques traits de croquis.

A la Chambre, où il siégea pendant de très longues années, M. de Lacretelle était un modèle d'assiduité. Il était là dès la séance ouverte. Seulement, j'ai eu tort de dire qu'il siégeait, car il ne s'asseyait jamais. Dans l'hémicycle, en dépit des huissiers découragés par son entêtement, il se promenait sans cesse, allant des bancs de la droite à ceux de la gauche. C'était une figure hoffmanesque et un peu falote que celle de ce grand vieillard, long comme un jour sans pain, maigre, la barbe en désordre, et déambulant sans repos. On eût dit le balancier d'une pendule, oscillant régulièrement devant un immense cadran, qui eût été la tribune. Il paraît que les médecins lui avaient ordonné la marche : et, conciliant son devoir de député avec l'hygiène recommandée pour sa santé, au chaud, l'hiver, à l'abri du soleil, l'été, il avait fait de la Chambre la palestre où il s'entraînait. Quand, par hasard, — chose rare ! — il interrompait sa marche de Juif-Errant, il rappelait la pittoresque figure du don Guritan de *Ruy Blas*, rêvant, comme un échassier sur une patte, au bord de l'étang. Mais ce n'est pas à quelque Marie de Neubourg qu'il songeait. Il pensait à Lamartine.

Car l'originalité de M. de Lacretelle, très touchante en ceci, consistait dans un culte fidèle gardé au grand poète. Lamartine était son compatriote du Mâconnais. Il avait fait M. de Lacretelle républicain, en dépit de ses origines. Il l'avait eu pour secrétaire en 1848 et l'avait fait entrer, très jeune, dans la vie politique. De là, une admiration profonde, une reconnaissance éternelle. Ah! ce n'est pas moi qui les raillerai! Une des choses qui m'affligent le plus dans les jeunes générations, c'est le manque de respect pour les aînés. Certes, le désir d'arriver et le besoin de vivre par soi-même ne sont pas blâmables en soi. Mais il me paraît qu'on peut les concilier avec la justice rendue aux devanciers, avec la gratitude qu'on leur doit pour l'œuvre qu'ils ont accomplie. Les jeunes gens d'aujourd'hui ignorent-ils donc qu'admirer est, avec aimer, la plus grande joie de la vie et plus sûre même que la joie d'aimer?

Seulement, ce qu'on peut dire, c'est que cet excellent M. de Lacretelle avait pour Lamartine un culte qui se traduisait de la façon la plus amusante. Sa prétention, d'une puérilité touchante, était de ne jamais dire et de ne jamais faire que ce que son grand patron, vivant encore, eût dit ou eût fait lui-même. Et, comme M. de Lacretelle était radical, assez volontiers mangeur de curés et Bourguignon salé en ses propos, il avait créé en lui-même une seconde édition d'un Lamartine à intellectualité d'un Homais. Et ce Lamartine inédit et singulier, où le poète de *Jocelyn* ne se fût pas reconnu, M. de Lacretelle le faisait se manifester de toutes les façons. Il toucha à tout. Il fut orateur, historien, poète, romancier, auteur dramatique, je ne sais quoi encore, musicien ou peintre. Une femme d'esprit disait de lui : « Quel gaillard, ce Lacretelle ! Il a outragé les neuf muses ! » Et, en fait, son talent fut au-dessous de ses ambitions. N'importe ! Ce fut un brave homme ; et je pense avec mélancolie à la physionomie de ce don Guritan qui, s'il ne put posséder les idéales princesses, le génie et la gloire, sut au moins les aimer toute sa vie et ne se lassa pas de les trouver ingrates envers lui...

A ANATOLE DE LA FORGE

AU CIMETIÈRE

Le Conseil municipal vient de décider, mon vieil ami mort, qu'une plaque commémorative allait être posée sur la maison de Paris où vous étiez né. C'est bien là une fête pour ce jour des Morts qui arrive, nous apportant ses mélancoliques et pieux souvenirs. Vos amis auront de la joie à apprendre cet hommage rendu à votre mémoire. Mais la génération d'aujourd'hui y restera sans doute indifférente, car votre nom évoque des choses fort anciennes et qui ne lui disent plus rien. Même vivant encore, en votre vieillesse attristée et qui a fini par un suicide de stoïcien, vous étiez déjà d'un autre âge que votre âge. Il y a ainsi des hommes qui ont cette fortune, à la fois bonne et mauvaise, de ne pas être leurs propres contemporains.

De combien d'illusions fut faite votre vie ! La plus décevante fut celle de cette heure où, préfet de l'Aisne, en 1870, vous avez donné, à Saint-Quentin, l'exemple de la défense des villes ouvertes contre l'ennemi. A la première nouvelle de l'arrivée d'un corps prussien devant la cité où Coligny avait sauvé la France en arrêtant les Espagnols, vous êtes accouru. Vous avez fait une troupe avec les pompiers, les sergents de ville, les chasseurs du pays. Derrière un retranchement improvisé, ces demi-soldats et ces volontaires repoussèrent l'avant-garde. Succès sans importance, il est vrai, comme il devait être sans lendemain. Trois jours après, l'ennemi revenait, mettait ses pièces en batterie et l'innocente barricade du préfet s'effondrait à la première volée de leurs canons. Mais, comme vous, brave chef de volontaires, nous avions cru un moment à cette chose qui n'était plus qu'un rêve historique, à la victoire possible d'un peuple soulevé contre un envahisseur puissamment organisé. Cette illusion fut nôtre, de penser que les jours allaient renaître où les volontaires en sabots, armés de mauvais fusils, tiendraient tête à des réguliers. Nous espérions dans les francs-tireurs, dans les paysans à l'affût, dans les bourgeois hérissant la France de Saragosses dressés contre l'invasion. L'histoire, peut-être mal connue, nous trompa. D'une erreur naquit une illusion. Nous ne la gardâmes pas longtemps et elle n'a pas survécu à l'expérience. Mais elle fut généreuse et vous en aviez été le représentant bien choisi. Je sais bien que, sans contester votre belle vaillance, on vous reprocha de vous en être exagéré les mérites. Orateur, écrivain, diplomate ou soldat, vous fûtes tout cela; mais il n'y avait en vous qu'un amateur distingué. Vous étiez un de ces hommes de progrès dont l'esprit, par une ironique fatalité, s'en tient aux vieilles formules et s'y attarde. Vous avez cru, après Saint-Quentin, qu'on devait vous donner une armée. Il y avait en vous du panache et un peu de gloriole. « Ce diable d'homme, disait un railleur, n'a jamais tant boité de sa blessure (car vous aviez, à Saint-Quentin, reçu une balle au pied) que depuis qu'il en est guéri... » Mais que nous font ces faiblesses et ces petits ridicules des hommes ? Vous avez été, mon vieil ami, celui qui nous a donné, à l'heure la plus sombre de notre histoire, l'éclair d'une espérance, le réconfort d'une illusion. Ceci ne vaut-il pas qu'on vous salue et qu'on ne vous oublie pas tout à fait, nous, du moins, qui vous avons connu et aimé ?

Car vous eûtes encore d'autres illusions, qui vous firent aimable. Vous avez cru qu'il fallait être galant homme et homme galant. Les femmes, que vous adoriez, jouèrent un grand rôle dans votre vie, et nulle ne souffrit par vous, qui souffrîtes par elles. Vous avez été de ces gentilshommes qui se souviennent qu'ils sont gentilshommes pour se ruiner et non pour s'enrichir. Dans les luttes de la politique et dans les polémiques de la presse, vous avez été des derniers de la vieille école, à croire qu'il fallait apporter de la loyauté, de la courtoisie, quelque respect des adversaires et qu'on pouvait se saluer avant d'engager le combat, à la vieille mode de France. En cela, vous vous montriez illusionniste encore, et louable de l'être, vous qu'avec une pointe d'ironie on avait appelé le « premier des seconds ». Car vous étiez batteur de fer. Là encore, je vous connus plus vaillant qu'heureux.

Pour une fois que je vous vis l'épée à la main, ce fut pour vous voir blessé par un adversaire singulièrement myope et prodigieusement maladroit. C'était ce tragique et mélancolique Vermorel, aventurier politique un peu suspect, mêlé à des intrigues fâcheuses, compromis à des besognes basses et qui, tout de même, eut une flamme de talent et mourut en héros. Il est vrai que, étant bon, vous parliez d'une simple leçon à donner à un impertinent. C'est ainsi que, vieux renard de l'escrime, vous fûtes pris par une poule. Ça arrive.

Mon pauvre ami, vous avez aimé la vie, la gloire, les femmes, l'honneur et la courtoisie, votre France, par-dessus tout, dont vous aviez gardé mainte belle qualité de race. Reste-t-il de tout ceci le souvenir d'un homme heureux? J'en doute. La vieillesse, tout au moins, fut pénible pour vous, trop rapide descente vers l'oubli qui vous guettait dans votre tombe de suicidé. Que tout ceci est triste, et comme c'est vite fini de nous, même de ceux qui ont eu leur heure, dont veulent se souvenir au moins leurs amis!

LE « GÉNÉRAL » CLUSERET

Une tombe modeste, gratuitement concédée par la municipalité de la petite ville d'Hyères et ironiquement bénie par un curé, est l'asile dernier où ce grand agité qui fut M. Cluseret, député socialiste du Var, a trouvé le repos. Sa vie avait été une longue et curieuse aventure. Un demi-siècle durant, il poursuivit à la fois une grande situation militaire et une grande situation financière. Il ne trouva ni l'une ni l'autre : la gloire et la fortune lui échappèrent. Il meurt très pauvre et général *in partibus*. Mais, ayant appartenu à des partis divers, ayant servi plusieurs causes, jamais heureux, parfois suspect, il sut se tirer d'affaire en toute circonstance, ce qui est déjà bien joli ! Ce vieillard à grande barbe blanche, qu'on voyait siéger à l'extrême gauche de la Chambre, ignoré comme orateur, mais interrupteur entêté, portait allègrement sur ses vieilles épaules le poids de trois ou quatre condamnations à mort. De ceci, d'ailleurs, il ne se souciait guère. Pendant qu'il guerroyait avec les Turcs contre les Russes, il fit lui-même courir le bruit qu'il avait été fusillé par ceux-ci. Dans sa carrière pleine de hasards, de contradictions et de mystères, il ne connut, dit-il lui-même dans ses *Mémoires*, que deux fâcheuses aventures, qu'il qualifie de « honteuses » : avoir été décoré à vingt-trois ans et avoir été le collègue des « imbéciles » de la Commune.

Cluseret, en effet, — ce qu'ont oublié de dire les journaux socialistes et nationalistes dont il avait adopté les idées — en juin 1848, étant sous-lieutenant, avait obtenu un commandement dans la garde mobile et avait été décoré par Cavaignac, ayant congrûment fusillé les ouvriers insurgés. Réintégré dans l'armée régulière, il la quitta, pour des raisons politiques, a-t-il dit. Depuis, il guerroya avec les Turcs, avec Garibaldi, avec les fédéraux d'Amérique. En ce dernier pays il joua un certain rôle, s'étant fait journaliste. Il fut ensuite délégué à la guerre pendant la Commune : et, condamné à mort à la fois par la Commune et par les conseils de guerre versaillais, ici comme traître, là comme rebelle, il s'évada prestement de ce double péril. Après maintes aventures en Orient, l'amnistie intervint. Et, deux ou trois fois condamné à Paris pour des délits de presse, il vient de terminer sa longue carrière, pleine d'inconnu, par cette dernière contradiction de mourir dans la peau d'un député nationaliste après avoir été un des plus grands adversaires de l'armée.

J'ai été deux fois en contact avec cet homme singulier, qui, malgré ses opinions, m'apparaît comme un homme d'un autre temps, sorte de Casanova politique. Ce fut en 1870-71. Cluseret avait eu l'idée de se faire donner le commandement d'une armée qu'il eût formée avec les gardes nationales du Midi de la France. Gambetta n'ayant pas accueilli ce projet, Cluseret essaya de le réaliser sans lui. Il alla d'abord à Lyon, créant mille embarras au préfet Challemel-Lacour, qui, avec une admirable énergie, luttait contre les révolutionnaires. Ceux-ci, qui, à certaines heures, tenaient le préfet prisonnier et avaient posté des sentinelles jusque dans son cabinet (je dus user de subterfuge pour y pénétrer, portant un message de Gambetta), avaient arboré le drapeau rouge en face de la préfecture. Cluseret voulait donner ce drapeau à « son armée ». Ayant échoué, il vint à Marseille et, sans plus de façons, s'installa, avec quelques acolytes, à l'état-major de la place. J'étais à la préfecture, chef de cabinet d'Alphonse Gent. Un gendarme affolé, qui ne savait plus à qui entendre, vint nous prévenir et, un quart d'heure après, nous avions « cueilli » Cluseret. Alphonse Gent, que son ardent patriotisme et son admiration pour Gambetta avaient fait un homme de gouvernement, avait gardé un vieux fond de conspirateur. Il considérait qu'en temps de révolution il y a une légalité de fait, non de droit. C'était à ce point qu'ayant reçu une balle dans le corps lorsqu'il était entré seul, avec un admirable courage, dans la préfecture occupée par des rebelles, il n'avait pas voulu qu'on poursuivît son assassin, que tout le monde connaissait. Et tandis que, classique, je lui parlais d'envoyer Cluseret devant le conseil de guerre, il me dit en souriant : « Bah ! nous sommes en révolution. Je vais l'expédier à Gambetta. Il se débrouillera… » Le pire de l'histoire, c'est que Cluseret était doublé d'un grand escogriffe d'Américain qui devait fournir des canons et des fusils à son armée et voulait se faire donner quelques millions d'avances sur cet armement chimérique. Ce Yankee étonnant prétendait ne pas savoir un mot de français. Tous les jours, il se faisait acclamer à la fenêtre de son hôtel, agitant un drapeau français et un drapeau américain. Il comprit pourtant à merveille le commissaire de police qui vint l'aviser d'avoir à déguerpir sur l'heure.

Quelques mois après, la Commune vaincue, passant par Genève, j'y retrouvai Cluseret. Il habitait une jolie villa qu'on appelait Château-Trompette. Le « général » avait opéré un nouvel avatar. Sous la direction du naïf Courbet, il s'était fait peintre. Mais, comme il était invraisemblable que ses paysages l'eussent enrichi, on s'étonnait de l'aisance qui régnait en sa villa. Une histoire plaisante, qui l'expliquait, me fut racontée, dont je ne me porte pas garant. On me dit que Cluseret, ayant rencontré un riche Yankee, lui fit croire que, pendant la Commune, il avait eu, en don ou autrement, un Murillo du Louvre et lui avait vendu, fort cher, une abominable copie, que le Yankee emporta avec mille précautions. Je donne l'anecdote pour ce qu'elle vaut. J'aime mieux croire que ce bon tour ne doit pas être retenu au compte du « général ». Il y a assez de mystère sur son aventureuse existence. Ce qui est certain, c'est que, très bien doué, vaillant au combat, il fut de ces hommes qui n'arrivent jamais à se hiérarchiser de façon régulière et qui sont indisciplinés même dans les rangs révolutionnaires. C'était une ironie de voir ce vieux coureur d'aventures de tout genre finir sa vie en petit employé parlementaire, venant à la Chambre comme à son bureau, n'excitant même plus la curiosité d'une génération nouvelle, ignorante ou oublieuse des temps que sa mort évoque pour moi.

A M. CONSTANS

Monsieur l'Ambassadeur,

... et cher ami. Je vous donne ce titre et je vous garde ce nom, en vous félicitant de tout cœur. Car il me semble que cette double appellation est symbolique, comme on dit aujourd'hui, et va droit aux deux aspects de votre caractère. Nul, plus que vous, n'a eu le sentiment de l'importance et de la responsabilité des hautes charges occupées ; nul, plus que vous, aimant le pouvoir, n'a eu le mépris des vanités où s'enivrent d'autres personnages et n'a ignoré le snobisme protocolaire. Vous aimez « estre » et non « paroistre », selon le mot de votre compatriote Agrippa d'Aubigné. C'est bien joli pour un Français et pour un Gascon.

Car vous êtes un cadet de Gascogne devenu général après mainte campagne, qui a gardé le souvenir des luttes premières et, en servant la grande patrie, conservé le culte de la petite. Je gagerais que les confits d'oie du bon faiseur de Toulouse ont pris le chemin de Constantinople : et, dans le palais de l'ambassade, à l'inévitable odeur de friture et de musc qui est le parfum de l'Orient, s'est mêlée la senteur saine du cassoulet, « cassolette », qui fume devant le capitole toulousain. Seulement, homme du Midi comme pas un, vous êtes du Midi à sang froid, ce qui vous désignait pour être un bon diplomate. Contrairement à la légende, — et vous savez mieux que personne que tout est légende en ce monde, — ce sang-froid que vous avez au plus haut degré n'est pas rare chez nous, Provençaux ou Gascons. Dans l'aventure boulangiste, vous avez été le plus actif, en restant le moins troublé et le moins emballé.

Dumas, plus psychologue qu'on ne veut le dire, avait marqué ce trait dans le caractère de d'Artagnan, calme dans le péril. Je me souviens, comme d'hier, de certaine journée d'émeute, passée auprès de vous au ministère de l'Intérieur. Ça « chauffait » dans la rue. Les bandes boulangistes menaient grand bruit, s'approchant de l'Élysée, nombreuses et menaçantes. Vous donniez vos ordres, et, ceci fait, on racontait de bonnes histoires en fumant des cigarettes innombrables. On ne s'interrompait que pour écouter le rapport des messagers. Un d'eux, plus ému à parler que vous à l'entendre, nous dit qu'on s'était cogné avec entrain à cent mètres du ministère et qu'un homme avait été fort assommé. Et vous avez dit simplement : « Le pauvre diable ! » Au fait, est-ce bien « diable » que vous avez dit ? Car vous étiez sans colère, ainsi qu'il convient à qui défend le droit et la légalité. Le droit, vous l'aviez enseigné à Toulouse, ce que ne savent pas assez ou ce que veulent oublier ceux qui parlent de vous. Et, au bon moment, vous vous êtes souvenu, homme d'action, que vous étiez tout de même de la *gens togata*.

Ce pauvre général Boulanger, redoutable et nigaud, coupable et touchant ! Il paraît qu'il avait fini par croire que vous lui prépariez, dans l'ombre, un « mauvais café ». Je sais qu'on vous avait offert la chose et que vous répondîtes ce mot admirable de hautaine ironie, inspiré par de vieilles calomnies : « Merci. J'assassine moi-même. » Et vous voilà maintenant parti au pays où, à ce qu'on en raconte, le « mauvais café » n'est pas toujours une chimère. Là, encore, nous devons compter sur votre sang-froid et votre énergie prudente et avisée de Gascon de la bonne race. Et pas plus qu'autrefois n'oubliez pas que cet Orient troublé est plein de pauvres... diables — qui espèrent encore en nous !

A MONSIEUR DE FREYCINET

Que de gens ont paru surpris, monsieur le sénateur, qu'en pleine agitation électorale pour le renouvellement des conseillers qui sont vos électeurs, vous ayez tranquillement apporté à l'Académie des Sciences une communication sur la marche des astres, communication que vos collègues de l'Institut ont trouvée fort intéressante ! Pour ce travail savant que vous avez accompli, j'ai éprouvé ce respect naïvement admiratif qu'on a pour les choses où l'on entend peu. Mais je n'ai ressenti, à vous en savoir l'auteur, aucune surprise. Il m'a semblé tout naturel qu'au lieu de pointer des suffrages vous vous soyez plu à pointer des étoiles. Le ciel garde encore des mystères. Mais peut-être est-il moins décourageant de tâcher de les dévoiler que de s'efforcer à pénétrer cet autre mystère, l'âme de la foule, qui n'obéit à aucune loi certaine dont la science puisse espérer trouver la formule.

Vous êtes de ceux dont l'esprit ne reste pas volontiers inactif. Depuis 1870, vous avez joué un rôle dans les affaires de notre pays, et souvent le premier. Vous avez connu les hautes espérances et les déceptions qui les suivent si cruellement. Vos ambitions, si tant est que vous ayez eu celles qu'on vous prête, n'ont trouvé ni le naufrage ni le port. Vous avez été utilement et presque glorieusement mêlé à tous les grands drames de notre politique, sans avoir été jamais celui qui les dénoue et les termine selon son vœu. Peut-être, pour des raisons que je tiens à votre honneur, n'étiez-vous pas tout à fait l'homme de la démocratie, à qui vous avez tant sacrifié? La finesse de l'esprit, la dignité tranquille et réservée du caractère ne sont pas précisément les mérites qui frappent la foule. Il y a en elle —

ce n'est pas moi qui le dis le premier! — de la courtisane. Et l'amoureux, si passionné qu'il soit de la popularité, risque fort, quand son désir reste timide en son expression et gêné par je ne sais quel goût supérieur des choses distinguées, que la courtisane lui dise, comme à ce pauvre Jean-Jacques : « Retourne étudier la mathématique », — surtout quand il la possède comme vous. Vous n'avez pas connu la mésaventure, n'ayant pas voulu tenter la fortune. Et je vous félicite, en somme, à l'heure de la vieillesse, de ne plus trop regarder en bas et de lever librement et joyeusement les yeux en haut, sur les étoiles.

L'étude de l'astronomie doit être une chose charmante et le goût ne m'en surprend pas chez vous. Simple homme de lettres et vieil étudiant qui n'a pas eu le temps d'apprendre cent choses qu'il eût voulu connaître, je suis le moins clerc qu'il se puisse être en la matière. Mais, sans connaître les arcanes d'une science, il n'est pas impossible, peut-être, d'en pressentir l'esprit et d'en comprendre les joies. Je ne sais si je me trompe. Mais il me semble que l'étude du monde des astres, avec son champ ouvert à l'hypothèse, ses observations émouvantes dans le silence des nuits, et ses calculs précis de mathématiques, fait une part égale à l'imagination, à la poésie et à la précision scientifique.

Les plaisirs de l'esprit humain s'y varient. Le rêve s'associe au calcul, et la hardiesse de l'hypothèse se mêle à la minutie précise du détail. N'êtes-vous pas l'homme de ceci? Je me souviens d'une anecdote, d'un trait de votre propre nature que vous avez oublié peut-être. C'était à Tours, en 1870. Homme jeune, patriote ardent, vous aviez exposé à Gambetta vos idées sur la conduite de la guerre et l'organisation de cette défense où nous espérions encore sauver plus que l'honneur. Il vous demanda un rapport écrit. Ce rapport, rédigé d'un travail fiévreux, était écrit d'une écriture impeccable, sur un cahier soigneusement et coquettement noué avec des faveurs. Gambetta me le montra ainsi, s'extasiant sur le sang-froid et l'esprit d'ordre que dénotait le soin délicat du manuscrit. Certes, ce fut à vos idées que vous dûtes d'être choisi par lui pour son coadjuteur. Mais les petites faveurs roses lui révélèrent l'homme qu'il ne connaissait pas encore. De ceci, je conclurai que vous êtes bon astronome et que, si vos hypothèses sont hardies, le soin coutumier de votre esprit n'aura rien laissé au hasard dans les calculs qui les appuient.

A ce goût d'un politique à rechercher l'ordre éternel des astres il y a des précédents. Sans parler d'Arago, savant professionnel que la politique séduisit une heure, de la haute séduction d'un devoir à accomplir, Thiers fut très épris d'astronomie. Il prétendait volontiers en avoir poussé très loin l'étude et n'avoir plus rien à apprendre de Le Verrier, qu'il avait élu pour son maître. Son merveilleux esprit d'assimilation put bien s'exercer sur cet objet comme sur tant d'autres. Il en parlait très volontiers. J'eus l'honneur, une fois ou deux, sur les falaises de Trouville où je l'accompagnais, d'être pour lui un de ces interlocuteurs de hasard qu'il ne choisissait pas et qu'il prenait, bien moins pour les enseigner ou les convaincre que pour affirmer et affermir, par la parole, sa propre pensée. Il me parut vaguement qu'il avait, sur l'astronomie comme sur les hommes, des opinions personnelles, parfois paradoxales, toujours entêtées. Il voulait absolument que les étoiles évoluassent à son idée! Je vous crois, Monsieur, plus hésitant devant l'infini et l'absolu, et qui sait si, en étudiant le ciel, vous ne trouvez pas encore, tout en cherchant autre chose, cette incertitude mélancolique de la vérité qui fait la délicatesse et parfois la souffrance des esprits comme le vôtre?

A M. LÉON BOURGEOIS

A ATHÈNES

Monsieur, vous êtes en voyage. Mais on sait où vous êtes. Vous êtes à Athènes, ce dont je vous envie. Et, tandis que le jeune M. Max Régis, Italien d'hier et qui oublie que son pays d'origine faillit périr pour avoir eu, dans chaque ville, ses noirs et ses blancs, vient tâter le préfet de police, après avoir tâté, à Alger, un gouverneur qu'il trouva résistant, vous regardez l'Acropole. Par le beau soleil, qui fait plus blanche la blancheur des marbres, vous pouvez relire, si vous ne la savez par cœur, la prière fervente que Renan adressa à Pallas-Athéné. Ceux qui ne vous aiment pas vous en veulent de votre escapade. Classiques en leurs souvenirs et impertinents en leurs comparaisons, ils ont prétendu que vous faisiez comme Sosie. Ils ont dit que, pendant que nous sommes en proie à une affaire dont l'imbroglio est autrement compliqué que celui du délicieux vaudeville d'*Amphitryon*, vous preniez du courage pour vos gens qui se battent. Je ne goûte pas ces sots propos, et je vous loue de vos promenades.

De même qu'on envoie les lauréats de nos écoles des beaux-arts faire quelque tournée en Europe, je voudrais que le voyage fût obligatoire pour nos hommes politiques en vue et pour les personnages ministrables. D'abord, ils apprendraient, de la sorte, qu'il y a une Europe, ce que beaucoup sont trop enclins à oublier. Ils la verraient telle qu'elle est. L'esprit humain reste médiocre quand il n'a pas connu les illusions, et médiocre encore quand il les garde longtemps. Et puis, il y a dans le monde des lieux d'élection qui sont comme des *sanatoria* pour les âmes un peu malades chez nous. Athènes est un de ces lieux, non la petite Athènes contemporaine où

About promena ses ironies spirituelles et sèches : mais l'Athènes de l'Acropole, l'universelle et l'éternelle, celle que Renan consacra comme un temple en sa religieuse extase.

C'est une formule très à la mode, très applaudie dans les mélodrames socialistes, où on la rencontre, que le peuple a droit à la beauté. Je crains bien que le peuple de Paris ne simplifie la chose et ne l'applique mal en entendant par là qu'il a droit à quelque place aux ballets du Châtelet ou aux exhibitions des cafés-concerts. La pensée n'en est pas moins juste et noble. Mais la beauté, beauté morale dont l'harmonie se traduit ensuite par l'harmonie des formes de l'art, ne lui viendra que d'en haut. Voilà pourquoi les bergers du peuple, s'ils veulent être les bons bergers, font bien d'aller en chercher la leçon là où la tradition en reste vivante, de cette vie mystérieuse des idées qu'on retrouve surtout dans les ruines des choses. Il me paraît qu'un homme qui revient de voir l'Acropole ne doit pas penser tout à fait comme un homme qui revient d'une réunion publique et redescend de la Villette.

Ce n'est pas que les Athéniens de Périclès aient été toujours des gens très sages et que l'Agora n'ait pas eu ses folles agitations. Boulanger fut de tous les temps et Aristophane nous apprend qu'il s'appela jadis Cléon. Mais, de même que l'Acropole s'érige sur la ville, recevant avant elle les rayons du soleil levant et gardant plus longtemps qu'elle la lumière dorée du couchant, il y eut, au-dessus du monde hellénique, des sommets où la Justice, la Bonté, la Beauté rayonnèrent et resplendirent mieux qu'ailleurs. La France a connu aussi cette splendeur et a eu ce rayonnement. Il appartient aux vrais politiques de savoir comment on perd cette gloire et comment on peut la reconquérir. Qui sait si un homme tel que vous, Monsieur, qui a le don et la faiblesse d'être merveilleusement ouvert et accessible à tout, ne saura pas nous en dire quelque chose en revenant de sa « retraite » à l'Acropole ?

A M. RANC

JOURNALISTE

Vous voilà à pied, mon vieil ami, si ce mot peut être employé envers qui garde, comme vous, le journal pour monture et y reste ferme sur ses étriers. Paris, ce Paris que vous aimez mieux qu'en ses verrues, comme l'aimait Montaigne, mais jusqu'en ses fautes et ses folies, Paris ne vous a pas réélu. Il s'en est fallu de peu, il est vrai. La faute pourrait bien en être tout entière à quelques délégués qui n'ont pas accompli tout leur devoir et qui, comme le raconte Paul-Louis, ont fait passer avant tout l'heure du dîner. Mais je pense que cette sorte de condoléance est indigne de vous et qu'une consolation plus haute doit vous être offerte.

Cette consolation, c'est la façon dont les

mérites de votre longue vie publique ont été proclamés, et jusque dans la joie que les adversaires de la République ont montrée à votre échec électoral. L'entrée de M. Mercier au Sénat, disent-ils, nous est moins précieuse que la sortie de M. Ranc. Votre disgrâce est triomphante. Sur nul autre on ne s'est davantage acharné. Des journalistes ont donné le signal. Les nationalistes à l'intérieur ont mené la campagne contre vous, le nationaliste de la guerre de 1870, le compagnon de Gambetta, sauvant l'honneur de la France et de son armée. Votre philosophie sourira de l'injustice, votre foi démocratique ne sera pas ébranlée par l'ingratitude.

La perte des fonctions publiques ne saurait être un chagrin profond que pour ceux qui se sentent sensiblement diminués par elle. Être « Monsieur le sénateur » et, du soir au lendemain, n'être plus rien, ni personne, c'est fâcheux. Une élection manquée est peu de chose quand on reste quelqu'un. Vous aimiez, mon vieux camarade de près de quarante ans, quand nous nous rencontrions à de rares intervalles, à plaisanter le peu de résignation que je mettais à vieillir. Voilà, me disiez-vous, que nous sommes devenus de « vieux messieurs ». Certes, ce mot, en son sens parisien, est bien vrai pour vous. Être « un monsieur », ce n'est ni être riche, ni être gradé, ni être hiérarchisé dans le *tchin*, ni même être célèbre : c'est donner, à qui vous voit, l'impression d'une intelligence servie par un caractère.

Des accidents de la vie politique, vous avez tout connu. Joies et amertumes, satisfactions et mécomptes, vous avez tout éprouvé, d'une inaltérable tranquillité d'esprit. Poitevin sanguin, assez volontiers violent dans la discussion, d'esprit souple à merveille, mais homme de parti irréductible, je vous ai toujours connu d'humeur égale quand il s'agissait de votre personne. Ce fut d'abord en ce fameux café de Madrid, non remplacé, que nous nous rencontrâmes. L'amnistie vous avait ouvert la frontière. Vous reveniez de Suisse, mais vous aviez été déporté à Lambessa. Le séjour vous déplaisant dans la vieille ville romaine enfouie dans les sables, vous vous étiez évadé. De cette évasion dramatique vous avez donné un récit exquis, sobre, énergique et gai, quelque chose comme du Mérimée vécu. Mais vous ne parliez pas de l'aventure et je ne vis jamais un jeune conspirateur d'allure plus bourgeoise et moins empanachée. Cependant le souvenir de ce passé vous donnait de l'autorité sur notre jeunesse libérale et vous étiez déjà le « colonel ». Pourquoi ce sobriquet, qui intriguait la police de l'empire? Je ne sais. Mais il allait à merveille à l'homme d'action, discipliné pourtant, que vous étiez. L'action, vous l'aimiez, par la plume et par l'épée. Ce fut le temps de votre duel avec M. Paul de Cassagnac, qui trouva en vous un adversaire redoutable. Car nous étions batteurs de fer, si bien qu'en un assaut vous pensâtes me tuer. Cimentée dans ce sang, notre camaraderie s'en fit plus amicale. Puis, ce fut Sainte-Pélagie où l'on vous enferma, en attendant la condamnation à mort de la Commune, prononcée par un conseil de guerre trop oublieux qu'en 1870 vous aviez été de ceux qui n'avaient pas désespéré.

Ce séjour à Sainte-Pélagie, qui dura quatre mois, je crois, je serais désolé qu'il ne vous ait pas été infligé. Car nous lui devons la seule œuvre de longue haleine et d'imagination que vous ayez écrite et qui fut publiée dans *le Temps : le Roman d'une conspiration*. De ce roman, avec M. Fabrice Carré, j'ai tiré un drame, qu'on a joué sans succès — sans durée, tout au moins. Ce pauvre drame éphémère, je l'aime et je le trouve bon ; et ma raison n'est pas que j'en suis l'auteur ! C'est que le roman d'où je l'ai tiré, plein des souvenirs de votre jeunesse, où vous avez peint vos parents, vos voisins, votre ville de Poitiers, est une sorte d'autobiographie de vous-même, sous le masque des légendaires républicains d'autrefois. J'estime que cette norme sévère que vous avez donnée à votre vie d'être avant tout un homme de parti nous a privés de trouver en vous l'écrivain très artiste que le politique a absorbé et ne laisse voir qu'aux yeux attentifs. Mais combien ce livre, tout en nous le découvrant, montre le sacrifice que vous avez fait à la belle unité intellectuelle et morale de votre vie! C'est d'elle que j'ai voulu parler, d'un mot discret, comme il convient avec vous, à des amis politiques trop oublieux et à des adversaires dont l'injustice outrée restera un honneur pour vous.

A LA DÉESSE DE LA RAISON

AU THÉATRE DES BOUFFES-PARISIENS

C'est dans ce joli petit théâtre, où nous avons écouté parfois d'amusantes folies, que je vous ai vue ces jours-ci, ô déesse! C'était en une pièce de théâtre, la dernière qui nous sera donnée par la troupe de l'OEuvre, dont la fortune fut si singulière et si malheureuse. Je vous adresse mon hommage en ce billet, non pas parce que vous étiez représentée par une belle fille qui, symboliquement, je pense, montrait avec orgueil qu'elle avait tout ce qu'il faut pour nourrir les hommes et faire leur joie, mais parce que l'auteur, d'une ingénieuse et haute philosophie, un peu attristée, nous montrait la Raison, la divine Raison, convertie par les passions populaires en une idole sanguinaire, à qui l'on sacrifiait tout justement les hommes qui avaient tout abandonné pour fonder son culte. Et ces hommes, éclairés par une haute conscience du présent et une vue sublime de l'avenir, se félicitaient de souffrir pour leur déesse, encore que l'image qu'on leur en présentait ne fût qu'une caricature grossière de leur divinité.

Certes, le poète (car tout penseur est un poète, qui n'a pas besoin de la rime) qui a écrit ce drame du temps de la Révolution ne songeait sans doute pas aux jours que nous vivons. Mais c'est une remarque souvent faite et juste, que le théâtre est toujours fécond en allusions aux choses présentes. D'amusantes historiettes le démontrent, comme l'aventure d'Alexandre Duval qui, ayant écrit, en 1810, un drame dont le héros était un prétendant de la maison des Stuarts, vit sa pièce interdite par la censure de l'Empire, parce que son Stuart faisait penser au duc d'Enghien, et interdite encore, en 1816, par la Restauration, parce que le duc d'Enghien de 1810 était devenu le duc de Reichstad. Nos esprits, hantés par les soucis de l'actualité se font subtils et aiguisés pour retrouver, dans l'histoire du passé, la leçon de l'histoire du jour.

Et, dans ces souvenirs du passé et dans cette évocation des passions de la foule, incorrigible en mon optimisme, je cherche et je découvre un motif d'espérance. Notre pauvre et cher pays est divisé, séparé en deux. Il me fait songer à cette belle pièce de vers des *Orientales* où le poète raconte qu'il a rencontré un serpent coupé en deux, dont chaque morceau s'agite, essayant de se rapprocher du tronçon qui lui manque. Hugo voyait là l'image de l'âme d'un amoureux, déchirée par la trahison d'une femme. J'y vois celle, plus générale et plus émouvante, d'un pays qu'un effroyable malentendu sépare. Car, si nous laissons de côté, comme il convient, les intéressés, les professionnels de discorde et d'injures, les tristes pêcheurs en eau trouble, en ne nous arrêtant qu'aux hommes de bonne foi que M. J. Lemaître reconnaissait lui-même parmi ceux à qui il a donné cette surprise d'être leur adversaire, on voit aux prises deux sentiments, les plus nobles, les plus utiles, les plus glorieux parmi ceux dont notre race est faite : l'amour de la justice et l'amour de la patrie. C'est en leur nom qu'on lutte, et de quelle façon ! Et là encore, je demande une leçon et un réconfort au poète, éternel et sûr visionnaire de l'avenir. Il nous a dit aussi la bataille épique d'Olivier et de Roland. Tout un jour les deux chevaliers se sont porté des coups terribles, sans pouvoir briser leurs armures et faire un vaincu. Et, le soir venu, ils se réconcilient et Olivier épouse la belle Aude, la sœur de Roland. La femme, amour et pitié, réconcilie à jamais les combattants.

Il faut que les choses finissent ainsi. L'amour de la patrie, dont l'expression essentielle est l'amour de l'armée, est méconnu, travesti par quelques-uns qui, justement, sont ceux qui l'invoquent contre nous. Et, comme les porteurs de carmagnole te blasphémaient, ô déesse de la Raison, en leurs orgies sanglantes autour de ton image défigurée, ils blasphèment aussi en voulant séparer la force du droit et le soldat de la loi. Mais l'armée n'en reste pas moins intacte pour nous, et nous prétendons l'aimer mieux que ceux qui la voudraient faire parler en lui soufflant leurs discours de haine et de défiance. Et comme, dans le drame, je voyais en sa pureté idéale l'image de la Raison, je reconnais toujours et je salue, m'inclinant devant elle, l'image de l'Armée, qui n'est autre que celle de la Justice elle-même : portant le glaive nu, mais s'appuyant, seule règle de l'universelle conscience, sur les tables de la Loi. Et c'est là ce que je voyais en toi, belle déesse de la Raison, alors même que le théâtre me rappelait les crimes et les sottises qui furent commis en ton nom et que ton temple était aux Bouffes-Parisiens !

LA FÊTE DE L'ASSOMPTION

C'était, hier, la fête de Marie et la fête de l'Assomption. L'encens fumait dans les églises, devant l'autel de la Vierge, et, au marché aux fleurs comme dans les boutiques des marchands, les fleurs, embaumant l'air, s'entassaient, aussitôt enlevées par les acheteurs, de l'humble bouquet de dix sous à la corbeille de dix louis. Car le nombre des femmes de France qui s'appellent Marie est incroyable. Certains hommes ont même reçu ce nom à leur baptême ou à leur confirmation. Par là s'atteste la vivace persistance du culte de la Vierge. Ce culte déplaisait fort à Proudhon, qui l'a pris à partie avec une âpre éloquence. Épris de justice et de logique viriles, quelque peu misogyne, le philosophe transportait dans l'ordre théologique son peu d'amour et d'indulgence envers les femmes. Il accusait le catholicisme d'être tombé dans la « mariôlatrie », particulièrement depuis la proclamation que fit le pape Pie IX du dogme nouveau de l'Immaculée-Conception, dogme qu'il est curieux de retrouver dans les rêveries du positivisme religieux sur la Vierge mère. Contre la « mariôlatrie » Proudhon invoquait l'Évangile même, les paroles, plutôt dures, de Jésus à sa mère, et la vieille tradition orientale, hostile à la femme, dont le sévère et peu amoureux Michel-Ange s'est fait l'écho lorsqu'il nous montre, en son *Jugement dernier*, le Christ justicier écartant d'un geste formidable la Vierge qui intercède en faveur des pécheurs.

Soit ! J'admets bien, dussé-je me fâcher avec toutes les Maries dont c'est la fête, que l'esprit de justice n'est pas l'esprit essentiel de la femme. J'irai plus loin encore, accordant que la bonté de la femme n'est pas toujours strictement réglée par la logique et la raison. Elle a ses caprices, qui ne sont pas sans grâce, mais d'une grâce déconcertante parfois. Un peu exagéré, Gilbert l'a dit autrefois : elle pâme pour un papillon qui se brûle à la flamme et applaudit au supplice d'un homme innocent. La bonté féminine est pleine d'inconséquences et sujette à l'erreur. Mais elle est la bonté. Et la justice elle-même n'est-elle pas incertaine dans nos esprits?

Pour moi qui, ayant bu à la coupe des philosophes — peut-être est-ce un malheur? mais ce qui est fait est fait — ne puis voir dans les croyances religieuses que le symbole de vérités humaines, le culte de la Vierge, loin de me choquer, me charme. Il complète merveilleusement la morale évangélique. Cette morale, d'ailleurs, ne dépasse-t-elle pas sans cesse la stricte justice? N'avantage-t-elle pas le pécheur repenti au détriment du juste qui n'a jamais péché? N'est-elle pas singulièrement partiale pour l'ouvrier de la dernière heure? Il est hors de conteste qu'avec cette parabole de l'ouvrier tardif, récompensé à l'égal du laborieux qui peine depuis le matin, on ferait malaisément un règlement d'usine. Mais est-il bien nécessaire que tout, en ce monde, se règle sur ce que la langue incertaine des hommes appelle la justice? Le divin a deux faces; et, si l'une est la justice, vers qui s'élèvent aujourd'hui nos regards anxieux, l'autre face est la bonté qui nous sourira peut-être demain. Et pourquoi cette face ne serait-elle pas féminine?

Je lisais, ces jours-ci, une légende qui court les couvents de femmes et qu'un poète, M. de Borelli, a mise en vers aimables à qui je ne reproche que de cousiner de trop près avec les vers de Musset. Une Sœur, très dévote à la Vierge Marie, a quitté le couvent, férue d'amour pour un seigneur qu'elle a suivi. Un soir, elle rentre au couvent, d'où elle avait pu sortir sans éclat, étant Sœur converse et trésorière. Elle revient au bercail, abandonnée, et pour implorer la pitié de la supérieure. On l'accueille comme de coutume, sans surprise. Elle monte dans sa cellule.

Tout y est en ordre, comme si son absence n'avait pas duré un an. Son livre de compte est là, en règle, au jour même. Car, pendant son absence aventureuse, la Vierge Marie est venue faire sa besogne et a tenu la place de l'absente. Certes la justice n'a que faire ici. Comme l'ouvrier de la dernière heure la Sœur a été partialement traitée, au détriment de ses compagnes qui ont lutté contre la tentation, sans aide miraculeuse. Mais là, tout justement, est la hauteur de la légende. La Vierge a voulu affirmer que bonté passait justice. C'est en ceci que j'espère pour l'avenir. Et, comme Balzac a raconté la messe de l'athée, je dépose ce récit, bouquets de fleurs odorantes, sur l'autel de Marie, en son jour de fête.

A Mme LA DUCHESSE ***

EN SON HÔTEL, RUE SAINT-DOMINIQUE

ET A Mme ***

BRUNISSEUSE, FAUBOURG SAINT-ANTOINE

Je me permets, Mesdames, de vous écrire à toutes les deux ensemble, ayant les mêmes choses à vous dire. D'ailleurs, dans notre pays qui est démocratique, Madame l'ouvrière, et qui est chrétien, Madame la duchesse, si la responsabilité peut être plus grande pour les femmes de haute condition ayant eu l'heureux loisir de s'instruire, la loi morale et le devoir sont les mêmes pour toutes les femmes. Et puis, un siècle de révolutions de tout genre n'a-t-il pas si bien tout mêlé et bousculé en notre pays que l'égalité de fait y a précédé ou accompagné l'égalité conquise et proclamée dans nos lois? Ma grand'mère, créole et marquise, à ce double titre indolente et ignorant les œuvres serviles, aimait à me raconter que, les nègres émancipés par la Convention ayant fait acte d'hommes libres en brûlant ses belles plantations de la Martinique, elle allait, comme Nausicaa, laver au ruisseau les trois chemises qui lui restaient. La noblesse d'aujourd'hui a subi tant de ruines, en même temps qu'elle était envahie par tant de parvenus, qu'il n'y a pas d'impertinence à rappeler aux femmes qui en sont que le titre le plus certain et le mieux assuré qu'elles ont, pour avoir droit à nos respects, est d'être des femmes.

Je m'adresse donc, indifféremment, aux femmes de France et, en particulier, aux Parisiennes, pour leur demander s'il ne serait pas temps qu'elles intervinssent, afin d'essayer de corriger, par leur bonté et leur grâce, nos mœurs qui tournent droit vers la sauvagerie? La sociabilité française, la politesse, dont Fénelon faisait mieux qu'un agrément de la vie en la tenant pour une vertu, émigrent de chez nous. Ne serait-ce pas une belle et louable entreprise pour les femmes d'essayer de les retenir?

Voici la journée du Grand Prix qui arrive. Elle s'annonçait bien, sous un beau ciel tout rayonnant. D'ordinaire, cette journée est une journée de fête universelle. Le peuple y prenait part, moins envieux, peut-être, qu'on ne le dit à la vue des équipages et des toilettes, car l'ouvrier sait, d'expérience, que ce luxe vient de lui et retourne à lui. Les prodigues lui sont utiles. Or, voici que les apprêts joyeux de la grande journée s'arrêtent devant de sinistres pronostics.

Par un retour abominable et réactionnaire au passé, on semble tout préparer pour que le gourdin des porteurs de carmagnole se croise avec la canne des muscadins. J'espère bien que le désordre pourra être écarté, comme le sont, d'ordinaire, les désordres annoncés. Mais c'est trop, déjà, que la prévision en soit proclamée et que la fièvre de l'émeute ait fait battre les artères de Paris. Ne souffrez pas, femmes, que cette fête dont l'épisode coutumier était, au plus, quelque bagarre au Jardin de Paris, quelque dispute en l'honneur d'une jolie fille, choses vite oubliées grâce au champagne de la réconciliation, devienne une journée de mêlées à coup sûr brutales, peut-être sanglantes.

Ayez conscience de votre rôle. Il ne fut pas toujours efficace, hélas ! mais il fut toujours noble et grand quand vous vous êtes jetées au travers des querelles et des passions haineuses des hommes.

Il me semble, car l'expression d'art qui produit une pensée revient aisément à l'esprit quand cette pensée le hante avec force, que je revois le tableau de David, *les Sabines*, qui est au Louvre. Il paraît que c'est être « vieux jeu » que d'admirer une telle œuvre, d'un style un peu lestement qualifié de *pompier*. J'admire tout de même, peut-être parce qu'une idée morale, qui m'est chère et qui est plus utile aujourd'hui que jamais, illumine les figures-statues de David, rangées en belle ordonnance, avec des gestes qui, pour être nobles, n'en sont pas moins d'une saisissante réalité.

Je revois la jeune fille effrayée, qui s'effare et pleure au tumulte des armes, la vieille mère offrant aux combattants, pour y assouvir leur rage, sa gorge desséchée et maigrie aux austères et vénérables maternités ; et, au milieu de la toile, superbe, autoritaire autant que suppliante, la jeune femme, héroïque Lysistrata, qui arrête, prêts à s'égorger, les hommes de même race et de même patrie. Allez voir ce tableau, Madame la duchesse et Madame la brunisseuse ! Vous le comprendrez également bien l'une et l'autre, la raffinée et la naïve, car la pensée qu'il symbolise est une de celles qui viennent du cœur. Ce sont les plus grandes. Vauvenargues l'a dit, en songeant aux femmes. Et c'est encore lui qui a dit qu'on ne saurait être juste si l'on n'est humain...

A M. GEORGE DURUY,

PROFESSEUR A L'ÉCOLE POLYTECHNIQUE

Que votre aventure, Monsieur, est donc singulière ! Qu'elle montre bien l'incohérence du temps où nous vivons ! Je n'ose dire que cette aventure ait eu un côté comique, car elle fut, un instant, douloureuse en soi et elle a eu des conséquences graves et dont le pays s'est inquiété. Mais on peut y trouver, tout au moins, une pointe marquée d'ironie. M. de Freycinet vous avait appelé à votre chaire de l'École polytechnique ; la suspension de votre cours, ordonnée par lui, a été la cause de sa retraite. Tout au moins, M. de Freycinet n'a pas voulu qu'il y en ait eu d'autres. Il vous a frappé et il vous aime, vous estime et vous loue. Ce fut quelque chose comme le renvoi de Bérénice par Titus : *invitus invitam dimisit*.

Voici les choses réparées pour vous, que j'en félicite. Le premier soin du successeur de M. de Freycinet a été de vous rendre à votre chaire. Je compte bien que votre cours se continuera sans incidents. Et, pour cela, je compte moins sur l'obéissance de vos élèves à une discipline nécessaire, oubliée trop souvent de nos jours, que sur un retournement de l'esprit de ces jeunes gens, de ceux mêmes qui vous avaient méconnu. Car, en vérité, pourquoi aviez-vous été choisi comme maître d'histoire à l'École ? Pour votre talent, certes, mais aussi pour l'ardeur de votre patriotisme, pour votre amour quasiment fanatique de l'armée. Si, quelquefois, une pointe de cette raillerie parisienne, qui a le tort de ne pas assez respecter les passionnés, arrivait à vous atteindre, c'était à cause de votre « chauvinisme ». On vous trouvait un peu *cocardier*, et ce n'était pas pour vous déplaire. Je n'ai pas tort de dire qu'il y a vraiment dans les événements qui se succèdent à l'occasion de cette maudite « affaire » une moquerie du hasard. Presque tout y prend l'aspect d'une gageure de l'illogisme contre la raison ; et ce n'est pas, hélas ! celle-ci qui la gagne le plus souvent !

Mais, de tout ce qui s'est passé, du départ de M. de Freycinet, regretté par beaucoup, des scènes tumultueuses de la Chambre, on aurait tort de vous en vouloir. Celui-là a toujours raison qui obéit à sa conscience. Je sais bien que la triste prudence des hommes blâme volontiers ceux qui se mêlent de « ce qui ne les regarde pas », comme on dit. Cette prudence irritait déjà Dante, préférant ceux mêmes qui se trompaient à son avis, à ces âmes basses qui s'abstiennent quand leur intérêt direct n'est pas en jeu. Avisé, en apparence, le calcul égoïste des indifférents est un mauvais calcul. J'ai toujours présente à l'esprit l'admirable scène du *Guillaume Tell* de Schiller, où un vieux paysan à qui l'on conseille de ne penser qu'à sa femme et à ses enfants et de ne pas s'occuper des affaires publiques répond qu'il s'en occupe justement parce qu'il a des enfants et que c'est pour eux qu'il veut sa patrie libre et honorée. Nous laissons, après nous, deux patrimoines. Qui sait si le patrimoine moral n'est pas le plus sûr et le plus précieux ?

C'est à ce patrimoine, Monsieur, que vous avez d'abord pensé, quand vous avez évoqué le souvenir de votre père. « Qu'auriez-vous fait, mon père ? » avez-vous dit. Ce que votre père eût pensé d'une question de fait, nous ne pouvons le savoir, ni vous ni moi. Mais ce que vous savez, à coup sûr, et ce que je n'ignore pas, c'est que la belle parole : « Fais ce que dois, advienne que pourra », fait partie de votre héritage paternel. Un souvenir me revient à l'esprit d'une visite que je fis à l'ancien ministre, alors qu'il attendait déjà, malade, la visite de la mort prochaine. Dans son très modeste logement, assis auprès de la fenêtre d'où l'on voyait le soleil se coucher sur les arbres du Luxembourg, le vieillard semblait regarder, d'âme mélancolique et ferme, la fin prochaine de sa propre journée d'existence. Nous avions eu, jadis, querelle ensemble. Je lui rappelais ce souvenir. Jamais, non, jamais, je n'oublierai de quelle sereine bonne grâce il me parla de cette heure qui arrive toujours où les honnêtes gens de bonne foi se retrouvent réunis, quelle que soit la diversité des routes par où ils ont passé. Et que ce souvenir, Monsieur, vous soit une assurance aujourd'hui et soit un exemple pour les jeunes gens qui vont vous écouter encore. Donnant un bon exemple vous-même, en face d'un cas de conscience, vous n'avez rien caché de vos angoisses, rien célé du secret douloureux que savaient vos amis. A tous et à vos élèves, à qui vous donniez votre esprit, vous avez ouvert votre cœur. Le malentendu en prendra fin. Les braves gens ne sont pas pour se bouder longtemps et, dans l'incertitude triste de l'heure présente, la seule lumière qui ne vacille ni ne s'éteigne est celle de la bonne foi et de la conscience, sur qui soufflent en vain les orages. Jean-Jacques l'a dit et bien dit.

A Mme DREYFUS

A RENNES

Vous êtes allée, Madame, attendre votre mari à Rennes, où une prison est préparée pour le recevoir. Le verrez-vous avant qu'il paraisse devant de nouveaux juges? J'ignore les lois de l'instruction et si le secret rigoureux pourra en être levé pour vous. Mais on n'aura certainement pas l'inutile cruauté de lui laisser ignorer votre présence dans la ville et que vous êtes là, et que vous l'attendez, confiante, n'ayant pas douté de lui. Du côté des siens, le condamné, redevenu un accusé, n'aura pas eu de déception. Peut-être avez-vous, un moment, douté de la justice des hommes? Mais vous avez songé à une justice plus haute et n'avez pas désespéré.

Des choses touchantes sont arrivées, consolatrices. Une femme que vous ne connaissiez pas la veille, vous a offert l'hospitalité de sa maison, vous sauvant des curiosités indiscrètes ou haineuses de l'hôtellerie. Cette délicate bonté, d'ailleurs, on n'a pas manqué de la faire expier à la femme qui l'avait pour vous. Pour elle, on peut vraiment dire, sans métaphore, que les chacals ont déterré un cadavre ! Il a fallu qu'elle offrît d'ouvrir sa sépulture de famille, pour démontrer qu'on n'y trouverait pas un amant à côté de l'époux. Douloureuse, Madame, vous avez créé de la douleur autour de vous. Mais ces douleurs sont nobles et belles. J'en félicite qui les ressent pour avoir obéi à l'impulsion généreuse de son cœur. Le cœur frappé, disent magnifiquement les mystiques chrétiens, est semblable à l'arbre précieux qui laisse échapper de ses blessures une liqueur incorruptible et parfumée.

Cette maison que vous habitez, séjour de hasard où l'angoisse et l'espérance se disputent votre âme, hante mon esprit de son image. Des fleurs vous y arrivent, envoyées par des inconnus. A vos petits enfants, surpris par ces bouquets de fête, vous répondez, quand ils vous interrogent : « Voyez, mignons, comme on aime votre père... Il va revenir de voyage et ses amis m'envoient des fleurs. » Car on a tout laissé ignorer aux pauvres petits enfants, de la sinistre aventure. Ils croient que leur père est au loin, servant la France. Mais que d'angoisses dans ce pieux mensonge! Quelle vie que celle où la voix enrouée d'un camelot peut, d'un hasard inopiné, venir assassiner de jeunes âmes...

Votre mari coupable, Madame, vous eussiez été une grande malheureuse; votre mari innocent, vous aurez été une grande martyre. Et, dans ce cas, vous aurez droit à autre chose qu'à la pitié, qu'on n'eût jamais dû vous refuser. Chez ceux qui, consciemment, — car l'erreur des autres est pardonnable et pardonnée, — auront été les instruments de l'iniquité, il n'y aura jamais assez de remords pour vos douleurs et de larmes pour vos larmes. Dans la fureur de nos discordes, il y a eu, malheureusement, des femmes qui ont été plus violentes encore que les hommes. On cite des mots affreux, qui paraissent plus affreux encore en passant par des lèvres roses et souriantes. Mais combien de femmes aussi qui sont avec vous, Madame. Ce matin encore, je recevais d'une femme inconnue, habitant un château dans la province, une lettre admirable, faisant appel, pour l'apaisement, à la pitié, plus forte encore que la raison. « La France, me dit-elle, n'est-elle donc plus chrétienne que des femmes s'irritent d'avance à l'idée de trouver un innocent dans un condamné? Et les femmes n'aiment-elles plus leur pays, pour s'acharner à vouloir qu'un de ses fils et un de ses soldats ait été un traître? »

Encore un peu de temps, et le drame sera terminé. J'ai toujours été de ceux qui ont gardé cette prudence de ne rien vouloir affirmer sur son dénouement. Ce qui semblait certain il y a quatre ans paraît bien invraisemblable aujourd'hui. C'est tout ce que j'en veux dire. Mais, quoi qu'il arrive, ce drame, découpé en actes et en tableaux saisissants, avec ses coups de théâtre, ses morts mystérieuses et tragiques, ses effondrements d'honneurs a mis à nu, parmi nous des plaies envenimées et profondes. Il a montré l'incertitude de la justice, alors même que celle-ci paraît assurée par les formes strictes et minutieuses des procédures. Il a jeté des doutes, et plus que des doutes, sur l'infaillibilité de la science des auxiliaires de la justice, augures qui ne devraient plus pouvoir se regarder sans pleurer, comme il est dit à la fin du *Torrent*. Et, chose pire, elle a laissé voir de quelles passions aveugles, de quelles haines formidables était capable l'âme française. Il s'est trouvé des gens pour toutes les fureurs. L'esprit, l'esprit divin et charmant, s'est fait détestable en devenant bassement cruel. Au moins, Madame, nous vous devons d'avoir, par vos misères, ému encore quelques cœurs, des cœurs de femmes et d'hommes. Et je les remercie, moins pour vous encore que pour nous-mêmes, de nous permettre de pouvoir penser que la générosité n'est pas morte en France.

A M. LAJAT,

MAIRE DE RENNES

Permettez-moi, Monsieur le maire, bien que je ne vous connaisse pas, de vous serrer la main de loin et de vous envoyer mon salut et mon remerciement. Ceci, à l'occasion de la proclamation que vous avez fait afficher sur les murs de votre jolie ville de Rennes, où l'on va juger le capitaine Dreyfus, redevenu un prévenu. Cette proclamation est simple et courte : deux phrases seulement, que je vais recopier avec joie : « L'armée de la République, dites-vous, a toutes nos sympathies : nous l'aimons, parce qu'elle est la sauvegarde de notre indépendance et de notre force devant l'étranger. Mais il y a aussi la Justice, dont nous devons savoir respecter les décisions ; il faut que la cause qui, depuis si longtemps, sème la division parmi nous soit jugée à Rennes avec toute la sérénité qui convient à un peuple libre et ennemi de tous les préjugés. » Tel est, Monsieur le maire, le langage que vous avez adressé à vos administrés ; c'est le langage d'un bon Français, épris de patriotisme et d'équité et de claire raison : et vous avez bien parlé en homme de notre race, dont les qualités essentielles, qu'on croit parfois éclipsées ou perdues, se retrouvent toujours à la longue.

La clarté du discours, chose si française, devient ici une vertu. Car les passions n'obscurcissent pas seulement les esprits : elles altèrent jusqu'au langage. C'est ainsi que l'épithète de patriote, qui est pour nous tous comme une épithète de nature, commune à tous les Français, a pu servir d'enseigne à une faction ; que le cri de : « Vive l'armée ! » que nous avons tous coutume de pousser, signifie : « Vive la dictature ! » aux lèvres de trop de gens ; et qu'en clamant : « A bas Loubet ! » on n'injuriait pas seulement un homme, mais on menaçait toute une classe de citoyens. Le malheur des temps a mis de l'hypocrisie jusque dans l'expression de la violence, à qui l'on pouvait espérer voir garder, au moins, le mérite de la franchise!

Votre langage, en sa mesure, a une netteté qui dispense des commentaires. Vous dites, sur le respect affectueux auquel a droit l'armée nationale, l'armée de tous et à tous, comme l'a si bien dit un magistrat, ce qui est dans nos esprits et aussi dans nos cœurs. Vous ajoutez que le même respect est dû à la justice, qui seule peut arbitrer les conflits d'une façon définitive et souveraine. Enfin vous ajoutez excellemment que la première de toutes les libertés pour un peuple, celle sans laquelle les autres libertés pourraient arriver à n'être plus que des instruments de désordre ou de servitude, c'est d'être libre de préjugés. Et puisse être entendue cette parole qui nous vient du fond de la vieille Bretagne militaire et catholique!

Vous serez écouté, d'ailleurs, — un peu

plus tôt, un peu plus tard, — j'en réponds.
Car l'histoire est là pour nous enseigner
qu'après les longues périodes d'agitation le
pays lassé et éclairé prend la parole et impose sa volonté. Les fureurs de la Ligue préparent et assurent la victoire du parti des
« politiques ». Le rôle de ceux-ci est à la fois
efficace et modeste. On n'a pas oublié le nom
des ligueurs, les Guise et les Mayenne. Ils
furent populaires et sont restés célèbres. Par
contre, il faut être presque érudit pour savoir
les noms des sages et bons citoyens qui écrivirent la *Ménippée*. Néanmoins, ces hommes,
presque anonymes, refirent la France épuisée par les plus abominables dissensions.

L'éternel recommencement de l'histoire est
bien souvent pour nous un sujet de tristesses
angoissées. Il est des heures où l'on voit
sortir des pavés, pour ainsi dire, des violences, des iniquités et même des ridicules
qu'on croyait à jamais abolis par le progrès.
Le passé, qu'on croyait mort, a des résurrections néfastes. Mais ces recommencements

de l'histoire ont, aussi, leur enseignement consolateur. Ils nous apprennent la vitalité de notre pays et de notre race. C'est sur elle que nous comptons pour espérer et pour affirmer que les « politiques » vont avoir leur heure nécessaire. Vous avez, Monsieur le maire de Rennes, parlé comme un de ces « politiques » d'autrefois. Et, au mot de Sully, que : « Commerce et industrie sont les deux mamelles de la France », vous avez ajouté cette pensée, que je fais triviale en son expression pour la faire plus frappante encore, qu'armée et justice sont les deux jambes sans lesquelles elle tomberait ou ne marcherait que d'un pas boiteux. Et, certes, si cette pensée n'est pas nouvelle, elle l'est redevenue, puisqu'il y a tant de gens qui l'ont oubliée. Et, s'il n'y a pas de génie à l'émettre, il y a quelque courage, puisque l'on s'expose, en le faisant, à la colère des énergumènes. En nos affaires, depuis des mois, on a tout essayé : violences, habiletés, subterfuges. Le salut est dans la franchise du ferme bon sens.

Voilà pourquoi, Monsieur le maire, votre parole sera écoutée : elle est de ces paroles que tout un peuple veut dire et qu'un heureux hasard met aux lèvres, en leur formule juste et définitive, d'un inconnu de la veille.

A UN PUBLICISTE CATHOLIQUE

Je pense, Monsieur, que vous allez à la messe, chaque dimanche. Je vous en loue. Quand on prêche, il convient de donner l'exemple et de pratiquer. Depuis longtemps, d'ailleurs, je me suis rallié à l'opinion de Béranger, qui, en mainte chose, fut d'excellent conseil. Le malheur, c'est qu'il émettait trop souvent les axiomes de sa sagesse en d'assez médiocres vers. Ce porte-lyre n'était pas lyrique. Mais combien il importe peu, puisqu'il sut se faire écouter d'une génération qui fut libérale à son exemple!

Tout le monde, d'ailleurs, va à la messe de quelque façon, et même les athées. Moi aussi. Seulement ma messe n'est pas cultuelle. Je la trouve, je l'écoute partout où l'âme éprouve une sensation qui la rapproche de Dieu ou du « divin », partout où s'impose à nous la méditation sur l'infini et sur la mort, devant la magnificence de la mer, dans la solitude de la campagne, et parfois aussi dans le temple ou l'église, lorsque je vais dire adieu à quelque ami parti pour l'inconnu.

C'est ainsi que, ces jours-ci, j'ai été à la « messe » — dans une synagogue. A part ceci, que, pour honorer Dieu, nous ôtons nos chapeaux et que les juifs les gardent sur leur tête, ce qui est vraiment de mince importance, on eût pu se croire dans un temple chrétien. L'officiant, couvert de vêtements sacerdotaux, chantait dans une langue qui nous est inconnue. N'est-ce pas ce que l'Église elle-même a voulu, maintenant énergiquement le latin et même le grec dans la liturgie, comme si le prêtre voyait grandir son autorité sur la foule en parlant à Dieu une langue sacrée que la foule ne connaît pas? D'ailleurs, le Dieu unique d'Israël n'est-il pas compris dans notre Dieu trinitaire? N'est-il pas le Père? Et, dans nos livres saints, n'avons-nous pas la Bible ? Mais ce qui fit surtout à mes yeux un temple chrétien de la synagogue de la rue de la Victoire, ce fut la parole du prêtre, du prédicant, M. le grand-rabbin Zadoc Kahn.

La cérémonie, ce jour-là, était consacrée à la mémoire d'un israélite, le capitaine d'artillerie de marine Salomon Braun, tué à l'ennemi, au Soudan. Le prêtre juif a demandé à l'assistance de prier pour lui et de garder sa mémoire comme celle d'un bon serviteur de la France. Et il a associé à sa prière adressée à l'Éternel le souvenir de tous les Français, quelle que fût leur croyance, qui ont eu la commune foi de la patrie et qui ont souffert pour elle. Dans l'assistance qui écoutait la parole émue et éloquente du prêtre, il se trouvait, en nombre, des soldat Combien j'en fus heureux ! Car ces soldats, certes, oubliaient à cette heure ce qui nous divise et communiaient dans la foi qui doit nous apaiser et nous unir. Et, ayant prié pour tous les morts de la France, le prêtre eut la coquetterie, — si on me passe ce mot ici, — de donner la liste, la longue liste, de tous les soldats juifs morts pour la patrie que la Révolution française leur a donnée.

Je regrette, Monsieur, que vous n'ayez pas assisté à cette « messe » de la synagogue. Il m'a paru, en effet, qu'il se dégageait de la cérémonie, simple et grave, quelque chose de grand, de supérieur à la passion néfaste de nos querelles. Nul, à cette heure, parmi les assistants, ne put conserver, j'imagine, une pensée de haine. Ce fut une trêve de Dieu, en face de la mort glorieuse. Votre âme n'eût pu rester insensible devant l'émotion d'une foule en qui vivait une unique pensée, un unique sentiment : celui du sacrifice que tout Français doit à son pays, quelles que soient, d'autre part, ses conceptions théologiques. Une vivifiante et saine atmosphère de tolérance et de justice vous eût enveloppé. Vous, qui vous tenez si loin d'une partie de vos concitoyens, qui leur refusez même ce nom, vous vous seriez senti plus près d'eux. Ceci, pour une minute peut-être? Mais ces minutes-là, qui sont quelquefois décisives pour l'illumination des esprits, sont toujours, en tout cas, douces pour les cœurs. J'avoue que moi, qui préfère hautement la douceur de l'Évangile à l'âpre grandeur de la Bible, j'ai éprouvé une joie délicieuse à constater que l'esprit de Jésus avait pénétré l'âme d'un prêtre juif, parlant à ses coreligionnaires avec la haute autorité que lui donne son caractère sacré. Et pourquoi dire, même, un prêtre? La parole que j'entendais, c'était la parole simple d'un Français qui eût pu répéter, mot pour mot, dans une église, ce qu'on nous disait dans cette synagogue, où j'oubliais que j'étais un étranger.

Cette cérémonie touchante, c'était, en somme, comme une vue de l'avenir. Car les colères ne sont pas éternelles. Se haïr, se quereller, ce « n'est pas une vie », disent les bonnes gens. Ce n'est pas une vie pour les particuliers et, moins encore, pour une nation. Il faut seulement savoir redire des mots de tolérance à ce peuple qui n'en entend guère plus que d'autres. Son âme n'y est pas fermée. A la synagogue, j'étais entré à côté d'un ouvrier. Qui l'avait amené là? La curiosité et peut-être le plaisir gouailleur de garder sa casquette dans une église. Et, à la sortie, je l'entendis murmurer, de son accent traînard de faubourien : « Tout de même, celui-là, on ne dira pas qu'il n'était pas Français, puisqu'il s'est fait casser la... tête pour la France. »

INTERVIEW

Trop tard pour y répondre utilement, je reçois un « questionnaire », envoyé par un de nos confrères, selon la mode nouvelle généralisant l'*interview*. On me demande quel vœu je forme pour cette année qui s'ouvre par un affreux temps de tempête, que je voudrais bien ne pas estimer être symbolique. Il va de soi que les vœux dont il s'agit ne sauraient être les vœux particuliers d'un chacun, qui, par un égoïsme excusable, pense d'abord au bonheur des êtres chers qui l'entourent. Ce sont les vœux du citoyen qu'on nous demande d'exprimer. Ces vœux, j'imagine qu'ils se résument tous en un seul : que l'apaisement se fasse en notre pays.

Le malheur, c'est qu'un peuple qui n'a

qu'un désir, désir que je crois sincère, n'arrive guère à le réaliser, tant que, pour parvenir au même but, chacun prend des voies différentes et souvent périlleuses et incertaines. Rien au monde, plus que l'affaire Dreyfus, n'eût pu et n'eût dû rester une chose simple. Un homme est condamné, pour le plus odieux, pour le plus irrémissible des crimes : la trahison. Le libéralisme le plus élémentaire nous fait un devoir d'ignorer s'il est catholique, protestant, athée, juif ou musulman. C'est un citoyen français et un soldat. Ceci suffit pour que le sentiment de tous soit celui d'une tristesse indignée. Mais il arrive que des scrupules et des doutes s'élèvent dans les esprits. La condamnation apparaît irrégulière en la forme, injuste peut-être au fond. En vérité, l'unique sentiment de tout honnête homme ne devrait-il pas être de vouloir que la justice se montre correcte et que les consciences soient déchargées d'un doute qui les fait angoissées? Si l'homme est coupable, pas de pitié. Mais, s'il ne l'était pas, qui oserait ne pas se réjouir de trouver innocent un soldat accusé de trahison ?

Mon vœu, pour l'année qui vient, c'est que les esprits retournent à cet état, qui eût dû être celui de la première heure et ne pas s'en départir. Le retour à la raison, je l'espère. Mais il peut être long et difficile. Cette affaire a été comme un roman-feuilleton, comme un formidable mélodrame : et chacun, impatient, a voulu que la terminaison en fût celle que son imagination a souhaitée. L'imagination, cette jolie qualité de notre race, nous a joué un vilain tour ! Et, à ses pièges déjà périlleux, les passions sont venues ajouter leurs dangereuses ivresses. Dans leurs fumées, un incident d'ordre purement judiciaire s'est grossi jusqu'à devenir un programme politique. Une opinion s'est faite un parti.

L'absurdité et le danger de l'aventure, tout le monde les voit aujourd'hui. Il y a clameur de haro pour qu'on en finisse, et je ne demande pas mieux, puisque je pense qu'il n'y avait pas à commencer.

En finir, c'est la tâche que semble s'être donnée cette ligue nouvelle qui vient de naître, car nous sommes un temps de ligueurs. En tête des signataires de son manifeste, je trouve, mon cher Coppée, votre nom. Votre dernier livre s'appelle : *la Bonne Souffrance*. Vous pensez, vous espérez encore que nous avons aussi connu la douleur salutaire et, confiant dans la Providence, — je vous envie, — vous estimez l'heure venue de faire enfin sortir un grand bien d'un grand mal. A merveille. Mais vous savez, poëte que vous êtes, que, d'après le vieil axiome incontesté, pour faire pleurer, il faut pleurer soi-même. Soyez aussi certain que, pour apaiser les esprits, il faut être d'esprit apaisé. Je ne doute pas du vôtre. Répondrez-vous de vos compagnons ?

Ne redoutez-vous pas que, ainsi qu'on l'a raconté aux jours néfastes de la Commune, quelqu'un des pompiers de votre escouade ne jette de l'huile sur le feu qu'il faut éteindre ? Assurez-moi du contraire, mon vieux camarade, et je suis avec vous, et nous serons tous, n'ayant pas fait, pour l'an nouveau, de vœu stérile, hélas !

———

A M. DE BAUDRY D'ASSON

Vous avez eu, Monsieur et cher ancien collègue, un grand succès, hier, et quasiment les honneurs de la séance. Ainsi, dans le dernier mélodrame que j'ai vu, tandis que les héros tragiques ennuyaient un peu, le *gracioso* avait tous les sourires du public. Les huissiers de la Chambre vous ont « doucement » reconduit à votre banc, d'où vous aviez fait une sortie menaçante, et M. le Président du Conseil, qui est un bon *raillard*, diraient nos pères, a bu un grog (encore que la chose soit imprudente aujourd'hui) à votre santé, — et aux frais de la questure. Dieu veuille que, dans ce verre qu'il a levé en votre honneur, ne se déchaîne pas une nouvelle tempête! Enfin, votre proposition de traduire la Cour de cassation devant un conseil de guerre a eu cette fortune rare qu'il ne vous a même pas été donné de pouvoir voter pour elle.

Cette proposition, pourtant, a sa valeur, malgré son apparente fantaisie. Peu parlementaire, elle est documentaire. Elle vaut qu'on y fasse attention. Car elle révèle un état d'esprit. *Spiritus flat unde vult.*

Il est parfaitement clair que ce que vous avez dit avec une netteté d'inspiré est obscurément au fond de la pensée des législateurs qui qualifient de « trio de coquins » trois magistrats de la Cour suprême. Vous avez pour vous, ce qui vous fait supérieur à beaucoup d'autres, de la logique dans votre passion, de la franchise dans votre aveuglement. Vous avez peu parlé, mais bien parlé et votre proposition vaut un long discours.

Il est évident que, du moment qu'on ne veut pas accorder, comme nous le faisons, le même respect à la justice et à l'armée, qu'on ne veut pas assurer le repos et la sécurité matérielle et morale du pays sur cette double assise, il faut choisir. Vous avez eu le courage de faire ce choix et le courage de formuler votre désir d'une façon non équivoque. Combien supérieur en cela à tant d'autres qui demeurent hypocrites! Je vous fais tout mon compliment. Car ce que nos querelles ont peut-être de plus affligeant, c'est d'abaisser nos caractères à de détestables hypocrisies. Votre sang de vieux féodal vous a servi. Vous n'aimez pas les robins et vous demandez qu'on les pende, ou qu'on les exile, car je ne vous crois pas cruel, et sanguin plus que sanguinaire. Et votre opinion d'antique seigneur breton, regrettant qu'on ne puisse exiler les chats-fourrés et recevoir les huissiers à coups de fourche, n'est que la claire et loyale expression d'une idée très moderne et qui hante quelques cerveaux.

Il me semble que vous avez rendu un grand service à tout le monde. Dans les batailles de nuit, comme celle où nous sommes engagés, l'essentiel est de connaître les positions de l'ennemi. Comme le projecteur électrique de nos cuirassés, vous avez illuminé le champ de bataille. A notre conception du pouvoir, qui est double, qui veut que justice et armée aient chacune son rôle et son utilité, vous avez opposé une conception plus simple. Il n'y a rien de tel, dans les cas graves, que de voir chacun sortir ses idées de derrière la tête. Nous savons la vôtre, et nous savons qu'elle est aussi celle de quelques-uns qui ne la disent pas.

Le malheur pour vos projets et pour vos désirs, c'est que l'armée n'a aucun goût qui la pousse à les réaliser et à les satisfaire. Je gagerais que, si on donnait suite à votre fantaisie, les « pantalons rouges » salueraient de l'épée les « robes rouges ». Car nos soldats, en nos temps troublés, ont une bonne fortune rare : celle d'avoir une règle, un devoir défini et strict, qui, en aucun cas, ne peut faire leur conscience incertaine. La légalité à l'intérieur, la sécurité à l'extérieur, voilà les deux principes nets qui dominent leur vie dévouée au pays. Quiconque, même en prétendant défendre les soldats, les fait soupçonner de pouvoir oublier l'un ou l'autre de ces principes, les gêne, les blesse et les insulte. On raconte que le Régent, allant au bal de l'Opéra, qu'un abbé venait d'organiser en inventant le plancher mobile, demanda à Dubois de l'accompagner et d'agir de telle sorte qu'on ne le reconnût pas. Sur quoi Dubois, très farceur, lui donna un coup de pied en plein foyer. Et le Régent, se tournant vers son compère, lui dit : « Dubois, tu me déguises trop... » J'imagine que nos soldats en sont là, et, quand on vient leur parler de coups d'État et de traduire les magistrats devant les conseils de guerre, je les entends dire, non sans quelque sévérité, à M. de Baudry d'Asson et à ceux qui pensent comme lui : Vous nous défendez trop !

———

LE MARQUIS DE ROCHEFORT

Ils vont bien, les Algériens, et voici Alger quasiment en état de siège! On s'est fort assommé sous les arcades de la place du Gouvernement. Mais j'ai le triste orgueil de constater que mes compatriotes marseillais ont tenu le record du désordre de la rue. Ce n'est pas à Alger que la poudre a parlé, comme disent les Arabes; c'est sur la Cannebière. Tout ceci à propos des promenades et villégiatures hivernales de M. de Rochefort, du « marquis », comme ils disent à Marseille.

Le cas du « marquis » est des plus curieux, singulier et touchant. Je ne sais pas d'homme dont l'existence ait été plus accidentée et marquée de plus de traverses. Il a tout connu. Il a comparu devant toutes les juridictions imaginables. Il a été emprisonné, exilé, déporté. Il a conduit de formidables émeutes dans Paris et a été membre du Gouvernement. Il s'est battu dix fois. Il a été acclamé et conspué. Il a connu le pavois et la claie. Nul ne se moqua davantage et ne fut plus moqué. Aujourd'hui encore, vieux et vieilli, il suffit qu'il se déplace pour que le tumulte naisse sous ses pas. Nos soldats ont voulu le fusiller jadis, et il n'est pas d'opprobre dont il n'ait couvert nos généraux. Ceux qui l'acclament encore crient : « Vive l'armée! » autour de sa voiture. *Totus in antithesi*, comme disait son vieil ami Victor Hugo. Au demeurant, l'homme le plus tranquillement bourgeois que je connaisse.

Car M. Rochefort est le jouet de sa propre destinée : cet agitateur est épris de repos. Quand, à l'Hôtel de Ville, petit employé traité avec indulgence par des chefs bienveillants, il conçut un idéal pour sa vie, cet idéal était d'avoir ses entrées dans les théâtres, de faire jouer des vaudevilles, de dîner avec d'Ennery et de tutoyer M. Blum. Il a accompli ce rêve au-delà duquel il ne voyait rien. Mais, à côté de cette vie normale qu'il voulait se faire, ses vœux étant ceux d'un simple boulevardier, une autre existence lui a été faite, qu'il ne souhaitait pas. Il a été la victime de son esprit. Comme dans une de ces féeries classiques dont il ne manque pas une reprise, s'y amusant, il a reçu d'une fée le don incomparable de l'esprit; mais une autre fée, oubliée, a étendu sa baguette sur son berceau, en lui disant : « Tu auras plus d'esprit que quiconque et moins de bon sens que personne ; et l'esprit que tu auras ne te rendra ni utile aux autres, ni heureux toi-même. »

Et c'est ainsi que vécut cet homme, le roi et l'esclave du mot, et c'est ainsi qu'il vit encore. Il s'est jeté dans toutes nos batailles, ignorant et indifférent, comme un condottiere. Mais, dans la bataille, les coups qu'on reçoit créent des apparences de convictions. C'est ainsi que M. Rochefort devint un chef de parti, fut conduit à l'action, qu'il déteste. Car il a le courage du cabinet, la résolution de la plume, non le sang-froid ou l'enthousiasme de la rue. Il marche aux bagarres par un effort de volonté, les jambes chancelantes. Ceci, je l'entends bien, est à l'honneur de sa vaillance. Mais de quelle souffrance secrète il paye sa popularité, bien chancelante aujourd'hui. Car il hait la foule. Il a, pour elle, un mépris d'aristocrate et un éloignement de petit bourgeois. Un jour, aux dernières élections de l'Empire, je le vis arriver dans une réunion publique, rentrant de Belgique. « Vous êtes là, et vous n'y êtes pas forcé », me dit-il. Et ce fut ainsi toujours. Il lui a fallu marcher, marcher toujours, tournant le dos aux choses vraiment aimées. Il va, à Alger, à Marseille, recevoir des bouquets et des oranges et des pierres... Et son regard mélancolique cherche encore la mer bleue de Monte-Carlo et le 36 de la roulette. D'autres le haïssent. Je le plains.

AU JEUNE VICTOR X...

AU DÉPÔT DE LA PRÉFECTURE

Mon garçon — si ta dignité de prisonnier politique te permet de supporter qu'un vieillard soit familier avec un enfant — dans cette abominable et stupide échauffourée de dimanche tu tiens incontestablement le « record », comme on dit en notre temps de cyclisme. Tu as treize ans et demi. Il y a quinze jours, tu t'es échappé d'une maison de correction. Tu as donné deux bons coups de couteau à un *flic*. Coups de poing, de pied et de canne, pavés et boulons et même le revolver incertain ne te suffisaient pas. Tu as eu recours à l' « arme de précision ». Dans la bande, tu as été le plus criminel et tu es le plus jeune. Tu peux en avoir le triste orgueil.

J'ai pris, dans un journal, l'âge d'un certain nombre d'individus arrêtés. On donnait cet âge pour vingt-deux, au hasard. J'ai fait la moyenne. Elle est de vingt ans! Ainsi, cette manifestation tumultueuse et sanglante, qu'on voudrait faire passer pour une manifestation politique, est une manifestation de mineurs, qui, pris dans leur ensemble, ne sont pas électeurs! Ma tristesse s'en accroît. « Il y a quelque chose de pourri dans le Danemark! » disait le prince Hamlet. Il y a quelque chose de pourri dans notre Paris, pouvons-nous redire : et ce quelque chose paraît être la jeunesse, la jeunesse de la rue. Gavroche réapparaît, mais sans l'honnêteté et la bonté que lui a données Victor Hugo, le poétisant peut-être trop. Ce n'est plus le gamin de Paris, se jetant, héroïque, armé d'un pistolet sans chien, dans une de ces émeutes républicaines d'autrefois, qui, conduites par les Martin-Bernard, les Godefroy Cavaignac ou les Barbès, avaient l'air d'un duel de chevaliers. Gavroche est devenu le pâle voyou, de mœurs inavouables, de métiers innommés, qui se glisse dans la foule et frappe, au hasard, sans raison, un homme de la police, pour le plaisir. Révolté contre la vie avant de l'avoir connue, insurgé contre la société avant d'avoir essayé un effort pour y trouver une place.

D'autres s'irriteront et s'indigneront contre toi, contre ta corruption précoce, contre ton goût sadique du meurtre imbécilement inutile. Je comprends leur colère. Mais, pour moi, quand je songe à toi, — qui es peut-être fier de ton crime, — ce que je trouve en mon esprit et en mon cœur, mon pauvre enfant, c'est une pitié profonde et désespérée. D'où sors-tu, de quel milieu viens-tu, pour être, à quatorze ans, un inexcusable bandit? Quel atavisme de crime, de misère, d'alcoolisme, a fait de toi, fleur de jeunesse, une fleur du ruisseau? Je me refuse à concevoir, comme un instinct naturel et spontané, cette rage de désordre qui va jusqu'au meurtre. Malgré moi, je cherche et je voudrais trouver la circonstance atténuante du crime et qu'elle fût autre que la jeunesse du criminel. Car, si cette jeunesse peut diminuer la responsabilité légale de l'enfant-assassin, elle est un phénomène effroyable et singulièrement menaçant. Les politiques ont le droit de nous dire qu'il n'y a pas à s'inquiéter autrement d'une émeute de jeunes gamins, ne sachant ni ce qu'ils font ni ce qu'ils veulent. Certes. Mais le moraliste, qui, sans approuver aucune révolte violente en un pays d'absolue liberté et maître de ses destinées par le suffrage, peut garder du respect pour les hommes de parti, conscients de leurs actes et livrant des batailles d'hommes, demeure consterné devant des enfants qui, à l'âge où l'on regarde encore Guignol, rossent le commissaire et tuent le gendarme, pour tout de bon !

Nous, les vieux, ayant foi en la raison humaine, nous avons cru à l'école, peut-être trop? J'y crois cependant encore ; elle doit avoir le dernier mot. Mais les progrès les plus certains ne se réalisent pas sans crise et l'humanité a, comme les enfants, ses maladies de croissance. Qui sait si l'école n'a pas été prétexte pour certains enfants à se dérober à la surveillance et à l'autorité de la famille? Qui sait si, dans des âmes faibles et mal façonnées, elle n'a pas, altérant la naïveté et la timidité heureuses du jeune âge, donné accès à l'imbécile orgueil du demi-savoir? Tous ces révoltés qu'on ramasse dans les tumultes, souvent du sang aux mains, ne sont pas également des impulsifs. On en trouvera qui s'indigneront à l'idée que la pitié du juge puisse s'émouvoir à leur inconscience. En des temps troublés, en pays de suffrage universel, même le jeune nigaud qui croit tout avoir appris en lisant les gazettes n'est pas toujours un personnage comique. Il peut devenir terrible et néfaste au moins pour lui-même. Il croit tout savoir de ces grands problèmes politiques ou sociaux, devant qui, nous, les sages, qui avons l'expérience de la vie et la leçon de l'histoire, nous hésitons parfois avec de douloureuses anxiétés. Ah! combien sont coupables et combien ils sont les vrais coupables, les hommes mûrs et parfois vieux, qui jettent à la jeunesse de notre pays le pain empoisonné des mensonges auxquels ils ne croient pas toujours eux-mêmes ! Le poète ancien voulait qu'on gardât du respect et de la pudeur pour la jeunesse. Je demande qu'on ait pitié d'elle, qu'on ne l'entraîne pas à des luttes où elle ne peut rien comprendre. Qui sait si ce garçon de quatorze ans, si le pauvre Victor que je ne puis m'empêcher de plaindre, ne s'est pas imaginé, avec une obscure bonne foi, qu'en tirant sur un sergent de ville, sorti du peuple comme lui, il contribuerait au bonheur de l'humanité ? On pourrait le croire à lire les écrits et à entendre les paroles de certains hommes fort instruits et bourgeois très distingués.

A M. J. CORNELY

Il me semble, mon cher confrère, à lire vos articles derniers, que vous êtes en proie à quelque crise de découragement. Apôtre de l'apaisement, dès le jour où il vous parut possible d'en parler, vous êtes lassé d'un apostolat ingrat. Vous vous étonnez que ceux-ci mêmes qui ont le plus à gagner à l'oubli soient les plus décidés à ne pas vouloir qu'il se fasse. Mme Henry vous stupéfie. Comment, dites-vous, cette veuve, dont nous respectons la douleur, peut-elle tenir à ce point qu'un débat judiciaire établisse, pour ses enfants qui le liront un jour, que leur père fut un faussaire? Quel aveuglement la pousse à vouloir, à exiger ce débat, alors qu'on y racontera ce fait nouveau : que le colonel Henry, pour accomplir cet acte injuste et abominable d'essayer d'atteindre un homme dans la mémoire de son père mort, n'a pas hésité, au mépris de tout devoir moral et professionnel, à détourner, pour les porter à un journal, des pièces absolument secrètes et confiées à l'honneur des chefs de l'armée? Il vous paraissait encore que la victoire remportée par M. le général Mercier ne pouvait être, en tout cas, qu'une de ces douloureuses victoires dont on ne triomphe pas. Et vous voilà prêt à jeter le manche après la cognée! L'éponge, votre « éponge », car vous avez inventé la métaphore, commence à vous peser et s'emplit, pour vous, de vinaigre et de fiel. Et l'amnistie projetée, qui est l'instrument nécessaire de l'apaisement, vous apparaît déjà comme une décevante chimère qui se perd dans les nuages menaçants de notre ciel d'orage.

Laissez-moi vous dire que vous avez tort, comme philosophe et comme chrétien, de vous laisser aller à ce découragement et de le montrer. Le découragement est la pire des choses, pire que le désespoir, qui inspire parfois les résolutions suprêmes d'où peut venir le salut. Pouviez-vous donc douter, étant un observateur attentif des hommes, de la violence des passions, de la cruauté entêtée des intérêts? Ne savez-vous pas que, pour les peuples comme pour les individus, la guérison des blessures morales veut du temps, beaucoup de temps? Les sages ne peuvent rien faire sans lui. Comme le chirurgien Ambroise Paré disait de ses blessés, ils pansent la blessure et le temps la guérit. Le pansement, c'est l'amnistie. Reprenez votre éponge, au loin jetée. Appliquez-la sur la plaie. Elle enlèvera toujours quelques gouttes du venin qui l'empoisonne.

Cette amnistie, que maint incident vous fait considérer comme moins possible et, peut-être, moins désirable, les politiques la proposent et la défendent surtout en invoquant la raison accidentelle de l'ouverture prochaine de l'Exposition, qui l'impose à eux. Certes, la raison est de poids. Ce n'est pas le moment, alors que nous convions l'Europe à Paris, de laisser nos plaies à nu, sans jeter sur elles, le manteau du fils pieux. Le *clou* cherché pour l'Exposition ne saurait être trouvé dans le spectacle de quelque procès âpre et scandaleux, pouvant aller jusqu'au tumulte de la rue. Mais, pour m'être, non sans combat intérieur contre moi-même, arrêté passionnément à cette idée d'une mesure d'apaisement, sans illusion, mais non sans espérance, j'ai une raison supérieure à ces raisons contingentes que font valoir les politiques. Je crois encore, dans les choses mêmes de la politique, à la valeur des forces morales. Les haines sont déchaînées. Elles se font jour partout : dans la presse, dans les réunions populaires, jusqu'à la tribune du Parlement, où l'on songe souvent moins à discuter les idées qu'à atteindre et blesser les hommes. Mais, contre la haine, il n'y a qu'une force morale qui soit efficace ; c'est de ne pas en avoir. Devant tant de rancunes basses, d'intérêts méprisables, de passagères folies, réfugions-nous dans l'absolu devoir moral. Souvenons-nous que : « Fais ce que dois, advienne que pourra », est une devise française et la plus belle des devises. Nous sommes aux fêtes de la Noël. Je tiens qu'il n'est pas besoin d'être un croyant comme vous, mon cher confrère, pour avoir le culte des anniversaires et leur demander des leçons. Croyez-vous que la parole de Jésus fût devenue la parole divine si elle eût été, de suite, comprise et obéie? La dénégation des contemporains, leur haine, leur cruauté, leur sottise aussi ont fait la gloire victorieuse de l'Évangile. Le piédestal où s'élève un jour la statue des sages est fait des pierres dont on les lapide. Ce n'est pas assez, même, de demander le pardon du Père pour « ceux qui ne savent pas ce qu'ils font ». Il faut ne se décourager jamais de leur parler la bonne parole.

A M. P. DELOMBRE

MINISTRE DU COMMERCE ET DE L'INDUSTRIE

J'ai lu dans *le Temps*, mon cher ministre, que vous aviez demandé une consultation aux fabricants et chefs d'atelier. Il s'agit de savoir ce qu'ils pensent de la loi qui permet de saisir le dixième du salaire des ouvriers. Vous êtes donc le préteur qui veut s'occuper *de minimis* et qui, par cela seul, est un bon magistrat ! Ah ! que ma joie est grande ! Car, depuis trente ans que nous sommes en République, il n'est pas de grave question qu'on n'ait agitée, sans parler de l'« affaire », qui nous tient depuis trois ans ; mais on n'a pas eu le temps de mettre un terme à des iniquités et à des abus qu'un homme de bon sens et de conscience droite réglerait en un our. Savez-vous bien que, si vous vouliez, pour ce vous pouvez, être cet homme, le rôle serait beau à jouer et pas difficile ? Il ne demande qu'un peu de volonté, et qui le jouerait passablement deviendrait populaire à bon marché.

Je vous donne ma consultation, encore que je ne sois ni fabricant, ni patron, mais simple ouvrier. Mettons « ouvrier d'art », si vous voulez : c'est tout un et la condition est la même pour tous ceux qui perçoivent, pour en vivre, ce que le code appelle *les fruits* au jour le jour. Tout d'abord, puisque vous voulez légiférer, dans un esprit d'équité sociale, à propos de la loi sur la saisie-arrêt, pourquoi vous occuper des seuls ouvriers d'usine et des seuls travailleurs de l'atelier ? Croyez-vous qu'ils soient seuls dignes d'intérêt ? L'employé, le journaliste, l'artiste, le professeur qui gagne 300 francs par mois, avec un ménage et l'obligation de porter une redingote et d'avoir du linge à peu près blanc, est plus malheureux que l'ouvrier qui se fait une journée de 7 à 8 francs. Or, si celui-ci a gagné 200 francs dans son mois, on ne lui retiendra qu'un louis, tandis que l'on arrivera très bien à prendre un tiers des ressources de l'employé. Le référé est une juridiction très aléatoire. J'ai vu des juges, dont la bonne foi était surprise par les mensonges d'un plaideur de mauvaise foi, — dans l'espèce à laquelle je pense, c'était, hélas ! un officier ministériel, — maintenir en son plein l'opposition et, du coup, réduire un malheureux aux pires extrémités.

Concertez-vous, mon cher ministre, avec votre collègue de la Justice et qu'il sorte de votre initiative une loi unique et générale sur la saisie-arrêt. En certains pays que vous citez, pays monarchiques, la saisie-arrêt ne peut atteindre le salaire du travailleur, au-dessous d'un certain chiffre. Je ne suis pas si absolu et ne vous demande pas d'être si révolutionnaire. L'abolition du droit des créanciers, même pour les seuls ouvriers, aurait l'inconvénient de rendre plus difficile le crédit qui l'est déjà trop.

Inscrivez seulement dans la loi, pour tout le monde, cette double disposition : 1° qu'il ne peut être pratiqué de saisie-arrêt qu'en vertu d'un jugement; 2° que le jugement fixe la quotité saisissable des appointements et des salaires. Ceci est peu de chose. C'est un article de quatre lignes à inscrire en tête d'un titre du Code : et ceci suffirait pour détruire un abus.

Actuellement, sans jugement, sans faire preuve qu'il est créancier véritable, sur un billet qui peut être compensé d'autre part, sur un reçu, sur une lettre, un créancier peut saisir le salaire et les appointements d'un travailleur, et les saisir partout où il a à toucher, pour une somme chaque fois égale à la créance présumée et agrémentée arbitrairement de plusieurs centaines de francs de frais. La saisie-arrêt est valable ainsi, *ipso facto* : et il suffit au créancier de huit jours pour signifier la contre-dénonciation, tandis qu'il en faut déjà trois ou quatre au débiteur pour le référé, sans parler des frais, du dérangement et de l'aléa de cette procédure. Si bien qu'un employé qui touche 300 francs à la fin du mois, si on lui fait opposition la veille du dernier jour de celui-ci, ne touchera pas un centime avant le 10 du suivant mois, en admettant qu'il réussisse à faire diminuer le montant de la saisie. Il a le temps de mourir de faim, tout au moins de voir son crédit perdu. Tout ceci serait évité par la simple mesure que je propose, la saisie-arrêt ne pouvant se faire qu'en vertu d'un jugement qui apprécie le bien-fondé de l'action du créancier et, avec les éléments dont le juge dispose, fixe la quotité saisissable. Ce n'est pas encore, pour le débiteur, un état paradisiaque. Mais c'est un pied mis hors de l'enfer des procédures ruineuses, de surprise et iniquement draconiennes.

Petite réforme, mon cher ministre, qui ne touche en rien aux droits du capital, laisse intactes les garanties du crédit honnêtement fait, et qui suffirait à faire bénir votre nom par les victimes des procédures. Ces victimes sont innombrables et les travailleurs manuels ne sont pas les seules ni toujours les plus intéressantes. Paris est en proie à des bandes d'étrangleurs. Je sais que la Chambre s'en préoccupe. Un projet de loi est déposé, qui cherche à mettre un terme ou, tout au moins, à fixer une limite, aux brigandages des agences de renseignements, officines de calomnies et de mensonges. Songez-y! Les petits abus sont de grands abus quand ils écrasent les petites gens. Baissez-vous vers eux. Se baisser ainsi, c'est le plus beau geste que puisse faire l'homme au pouvoir; et ceci vaut mieux que de regarder en l'air, le nez relevé pour prendre le vent de la politique!

A M. TOURGNIOL

DÉPUTÉ

Vous avez demandé que les députés, souverains et législateurs, eussent à toucher annuellement une indemnité qui ne fût pas inférieure des trois quarts à ce que gagne, en moyenne, un huissier. En faisant ceci, Monsieur, vous avez été un héros. Très sincèrement, je vous tiens pour digne d'admiration. Car vous avez accompli un acte devant lequel, dans notre pays, reculent les plus vaillants. Cet acte consiste à dire ce que tout le monde pense, à formuler une idée « de derrière la tête » commune à tout le monde, mais qui est suspecte d'être intéressée et qui va contre un préjugé sentimental.

Je vous félicite et vous remercie de votre courage. Avez-vous bien songé à ce qui vous attend? Tout d'abord, tel le Curtius de Rome se jetant tout armé dans le gouffre des dieux infernaux, vous vous êtes livré, vivant, aux faiseurs de revues. Montmartre vous guette et vous serez chansonné sur la Butte ; et votre nom, déjà, est transcrit sur le calepin des « revuistes », pour un « numéro », où vous serez complimenté par les petites dames ayant à se plaindre de la parcimonie de quelque législateur, si même on ne fait pas de vous le compère de la pièce. En plus, à la Chambre même, vous êtes tenu de parler éloquemment sur maintes et maintes questions, si vous ne voulez pas que les muets du Parlement ou vos adversaires politiques raillent en vous le député qui ne s'est manifesté que pour demander qu'on l'augmentât! Mais laissez plaisanter, laissez rire : vous avez le bon bout et vous êtes dans la vérité.

L'idée ou, plutôt, le sentiment que les fonctions de député devraient être gratuites ou à peu près, sentiment qu'on rencontre encore chez bien des gens à impulsion prompte et à réflexion courte, est antidémocratique. Une Chambre de députés non payés serait une Chambre où ne pourraient et ne voudraient entrer que les gens riches; et une Chambre de députés trop mal payés, c'est une Chambre où ces mêmes heureux de la fortune ont seuls facilement accès et où désirent encore arriver presque seuls ceux qui, de capacité insuffisante en leurs métiers et professions, sont incapables d'y gagner une somme égale à la misérable indemnité qui est la liste civile de nos souverains. Ploutocratie-médiocratie. Sommes-nous sûrs que la Chambre actuelle ait échappé à ce double péril?

Avec ses neuf mille francs annuels, un député est misérable. Faisons le compte. Pendant les quatre années de législature, il touche trente-six mille francs. Mais il doit amortir ses frais électoraux. Je ne pense pas que ces frais aient jamais pu être inférieurs à une dizaine de mille francs. Que si le député les demande et les obtient d'un comité, il est esclave de ses bailleurs de fonds. Le mandat impératif montre le bout de l'oreille. Il reste donc à notre législateur environ six cent cinquante francs par mois. De ce traitement il faut défalquer l'impôt sur les cartes de circulation des chemins de fer, la retenue pour la buvette, — qui n'est économique que pour le légendaire législateur qui garnissait sa toge de jambons destinés à sa famille, — et les étrennes des huissiers de la Chambre. Le député reste avec vingt francs par jour. Il lui faut vivre, garder le décorum, la blouse étant exceptionnelle au Parlement (d'ailleurs, Thivrier, qui la portait, la laissait au vestiaire et sortait dans Paris avec une confortable redingote), et il lui faut encore faire quelque chose pour ses électeurs. Ce quelque chose n'est pas négligeable, je le sais d'expérience. Prix des écoles, drapeaux des fanfares, incendies, infortunes particulières, l'addition est chère. Le député qui n'a pas de fortune ou le député consciencieux qui fait passer les devoirs de sa charge avant sa profession à exercer est très malheureux, et le souverain pourrait presque être rangé parmi les pauvres honteux... Ajoutez à cela que, grâce à une chinoiserie des lois et à la sotte peur que nous avons des mots francs, le député n'est soi-disant pas payé : il est indemnisé. Il en résulte que ses créanciers peuvent faire main-basse sur la totalité de son indemnité, sans réduction possible de la saisie-arrêt. A droite, à gauche, les députés sont nombreux qui ne touchent pas un décime de leur traitement, en vertu d'un règlement bien moins libéral que celui de jadis, qui les mettait à l'abri de Clichy, pour assurer leur indépendance. Malheureux, en proie aux affres de l'argent, le député restera-t-il honnête? Souvent, certes. Mais c'est une parole divine qu'il ne faut pas laisser les hommes exposés à la tentation.

J'aurais voulu que quelqu'un des hommes riches de la Chambre prît l'initiative que vous avez prise, Monsieur. Ainsi Renan pensait que, si jamais les prêtres devenaient libres de se marier, un pape très vieux et très chaste aurait seul l'autorité voulue pour le leur permettre. Mais, n'importe, le grelot est attaché. Et derrière ces comptes de cuisinière que j'ai faits, il y a une noble et grande question : celle de la liberté morale des députés.

A Mme CALMETTE

Écrire à une femme qu'on ne connaît pas est une impertinence, à moins que ce ne soit l'expression d'une respectueuse admiration. C'est ce dernier sentiment, Madame, qui me pousse à vous saluer dans ce « billet », à votre retour à Paris. Votre mari est un des premiers parmi nos jeunes savants. Il dirige, à Lille, un admirable laboratoire de chimie biologique, et ses travaux l'ont mis en haute estime dans le monde de la science. De plus, il paraît que sa dernière découverte sur les ferments est de nature à amener, dans la fabrication des alcools, une révolution heureuse, qui le fera très riche, ce qui n'arrive pas à tous les savants. Quand la peste a éclaté à Oporto, il est parti pour la ville conlaminée, lui apportant son secours en même temps qu'il essayait de surprendre sur place le secret du fléau. De cet acte de courageux dévouement il n'avait nul besoin ni pour sa réputation ni pour sa fortune. Certes, il faut l'en louer. Mais cette noble curiosité scientifique, qui pousse les médecins à braver la mort pour voir de plus près les maux qu'ils espèrent guérir, est de tradition, et les jeunes étudiants apprennent, dans les hôpitaux, à la connaître et à la suivre. Ces actes de dévouement sont leurs batailles à eux, batailles utiles d'où tous les soldats ne reviennent pas. Et si je mettais quelque insistance à louanger le Dʳ Calmette de sa belle équipée d'Oporto, il me répondrait, je gage, en bon professionnel : « N'en parlons pas. J'ai fait comme ont fait mes maîtres et comme eussent fait mes camarades. »

Mais ce qui est plus rare, Madame, c'est que vous avez voulu suivre votre mari sur le champ de bataille et partager ses dangers. A cette ville en deuil, troublée, en plus, par l'affolement et l'ignorance populaires, et d'où les habitants se fussent enfuis s'ils n'avaient été maintenus par un cordon de troupes les isolant du reste du monde, vous avez donné ce beau spectacle d'une femme qui ne craignait pas de venir les retrouver. Il me plaît que la chose ait été faite par une jeune femme de France, et c'est cette joie que j'exprime ici, en vous saluant.

Et puis, de tous les actes de la vie qui m'entoure, j'aime à dégager la portée morale et à pénétrer le sens symbolique. A ceci, on trouve bien des amertumes, mais, parfois aussi, quelque joie. Il a paru à mon rêve que votre présence auprès de votre mari était comme une vision du rôle que la science avait à jouer, alliant à l'intelligence la bonté, la pitié, la charité et, pourquoi ne pas le dire aussi, la grâce. Il y a quelque chose de vrai dans ce mot, âprement formulé, qu'on a dit naguère : que la science avait fait faillite. Mais il faut s'entendre et ne pas aller à l'absolu, toujours dangereux pour la pensée et la justice humaines. La science a cru pouvoir dévoiler complètement pour l'homme le secret de la vie. Elle a cru pouvoir se passer de l'instinct, du sentiment et du rêve. Trop fière de ses victoires, trop orgueilleuse de ses découvertes, elle a prétendu ne pas laisser un fait naturel ni un recoin de l'âme humaine sans les pénétrer, les éclairer pleinement de sa lumière et, pour ainsi dire, en démontrer le mécanisme. La philosophie matérialiste du xviii° siècle était déjà tombée dans cette erreur, à laquelle n'a pas échappé le positivisme scientifique de notre temps. La science n'a pas résolu pour toutes les intelligences le problème de l'au-delà. Elle n'a pas réussi à arracher le mystère de l'esprit des hommes et, peut-être, est-il heureux qu'elle ait été impuissante sur ce point? Par là, le mot est juste, qu'elle a fait faillite à ses espérances, mais par là seulement. Son rôle est et reste immense et superbe encore, si, s'appliquant avec succès à soulager les misères matérielles des hommes, elle s'aide, comme d'un remède supérieur à la plupart de ceux qu'elle découvre, de la bonté, de cette bonté qui est la seule part des attributs divins qui puisse être sûrement en nous.

Victor Hugo, un jour, regardant vers l'avenir, évoquait et invoquait l'archange de la liberté. Et il ajoutait que l'archange lui paraissait être plutôt une femme qu'un homme. Aujourd'hui, je songe moins à la liberté que ne devait le faire le poète des *Châtiments*. Homme ou femme, l'archange ne nous a pas apporté que des bienfaits ! Et je pense davantage à la bonté, qui semble trop vouloir remonter au ciel comme la pudeur au temps de Juvénal, et qu'il faut retenir et faire revenir parmi nous, en l'attirant par ses longs voiles de femme. La voix de la raison, de la raison qui se trompe souvent et reste incertaine, a été violente et orgueilleuse de nos jours, et, trop souvent, elle nous a empêchés d'entendre le murmure discret et la bonté, qui s'épanche du cœur des femmes, source cachée sous des fleurs.

Il me semble qu'entre nous, hommes engagés dans des luttes souvent atroces, nous estimant forts par cette faiblesse de l'esprit qui est de croire à la possession d'une vérité absolue, il faut jeter de la tendresse et le doute bienfaisant qui engendre l'indulgence et la tolérance. A qui les demander, si ce n'est au cœur des femmes et à la délicieuse incertitude de leurs esprits? Voilà pourquoi, Madame, il m'a plu, — un peu indiscrètement peut-être, mais vous me pardonnerez, — de montrer, à côté du savant qui lutte, cherche et découvre, la figure charmante de la femme qui apporte à l'œuvre commune, dont elle devine mais ne mesure pas la grandeur, dont elle pressent le but mais ignore les routes, le sourire de la Bonté.

A M. LE COMMANDANT MARCHAND

Paris vous a salué, mon commandant, avec respect, sympathie et admiration : et le parti qui s'intitule « nationaliste », usurpant un nom qui nous appartient à tous, vous a acclamé, envoyant à votre rencontre M. Forain, patriote de conséquence. En venant à Paris, vous avez passé par mon cher pays de Marseille. C'est le pays de Méry, un romancier oublié et un fantaisiste qui fut charmant. Et voici que, par un de ces rapprochements imprévus d'idées qui sont le jeu de nos esprits quand nous rêvassons, il me revient en mémoire une historiette, jadis contée par Méry, et que je vais vous dire en deux mots, comme un court apologue dont vous pourrez tirer la morale.

Méry raconte donc qu'un capitaine marin, qui était de Marseille, naturellement, — car pour Méry tous les marins étaient Provençaux, — s'en était autrefois allé à l'aventure dans les mers encore ignorées du Pacifique et du pôle antarctique, comme vous-même à travers le continent noir. Les Anglais lui avaient fait quelques misères, c'est l'usage. Il n'en avait pas moins découvert des îles, sur lesquelles il avait planté notre drapeau : et, pour sa part, au prix des souffrances qui attendent l'explorateur aussi bien au pôle que sous l'équateur, il avait augmenté le patrimoine national.

Aussi, au retour, du pont de son bateau amarré à la Joliette, il n'avait fait qu'un saut jusqu'à la diligence qui conduisait alors à Paris. Sitôt arrivé, il était accouru au ministère de la Marine où, quatre ans auparavant, il avait reçu des instructions et laissé des amis. « Ah! vous voilà, mon capitaine, ravi de vous voir; êtes-vous pour le 18 octobre? » lui dit le premier qu'il rencontra. — Le 18 octobre?

Belle date. Vous savez donc que, ce jour-là, avec mon brave bateau *la Joséphine*, je relevais l'île que j'ai appelée l'île Louis-Philippe, en l'honneur du roi, par 60 et 65 degrés, latitude et longitude, en des mers où les Anglais eux-mêmes ne vont pas se promener volontiers? — Ah! il s'agit bien, pour le moment, de découvrir des îles! Êtes-vous pour le 18 octobre?» Et, recevant partout même accueil, ayant appris que le 18 octobre était la date d'un renversement de ministère, saisi, harcelé, affolé par la politique à laquelle il n'entendait rien, notre Marseillais, découvreur d'îles, s'en revint à Marseille, n'ayant même pas pu faire accepter à son pays le cadeau qu'il lui apportait, furieux, jurant qu'à la prochaine fois qu'il découvrirait une île il la garderait pour lui. Et on n'y renverserait pas les ministères, par la bonne raison qu'il n'y en aurait pas!

Vous êtes, mon commandant, beaucoup plus heureux que le capitaine de Méry. Personne n'ignore que vous semiez des légumes à Fachoda, tandis qu'à cinquante lieues de là les Anglais collectionnaient les os et les crânes des Derviches massacrés : et, si ce sont eux qui ont récolté nos salades, ce n'est ni votre faute ni la mienne. Personne ne saurait vous en vouloir d'avoir dû subir l'éternelle loi du *Sic vos non vobis*... Et personne n'ignore vos glorieux efforts. Sur cette terre d'Afrique, où Caillé alla seul de Fez à Tombouctou et revint par le Sénégal, où Duveyrier traversa le pays des Touareg, où tant d'explorateurs ont voulu, selon le joli mot du capitaine Binger, noircir un des grands blancs de la carte, vous avez accompli avec le courage et la patience des découvreurs une belle œuvre. Justice vous est pleinement rendue. Mais méditez l'apologue de Méry et méfiez-vous de la politique. C'est, pour un soldat, un marais pire que ceux que vous avez traversés et qui ne rend pas qui s'y enfonce et s'y enlize.

Deux ans de *palabres* avec les rusés Africains ont dû faire de vous, mon commandant, un fin diplomate. Dans le salut du retour, vous distinguerez la voix de ceux qui vous remercient d'avoir servi la France de la voix de ceux qui voudraient se servir de vous. Ceux-ci seront les plus bruyants : ils ne seront pas les plus sincères. Ayez la sage ignorance du capitaine marseillais qui envoyait au diable le « 18 octobre » et les querelles des partis ! Vous avez lutté, travaillé, souffert pour la France. Ne supportez pas qu'on vous dise qu'il y en a deux, alors qu'il n'y en aura qu'une pour les bons citoyens et les grands soldats !

AU SERGENT ALI

DES TIRAILLEURS SÉNÉGALAIS

Te voilà en route pour Paris, mon sergent. Demain, tu défileras, très fier, très acclamé, devant une foule immense de visages blancs. Après ta course longue et périlleuse à travers l'Afrique, tu as pris contact avec la civilisation d'Europe en montant à bord d'un bateau qui eût accroché à ses flancs énormes, comme ses chaloupes, les embarcations de tes rivières natales. Puis, tu as connu les merveilles du chemin de fer, la voiture que traîne, à une allure vertigineuse, le cheval de métal. On t'expliquera ce qu'est le gaz, rayon de soleil enfermé, ce qu'est la foudre docile de l'électricité, ce qu'est le téléphone, par qui la voix d'un enfant s'entend de plus loin que le grondement du lion par les nuits silencieuses du désert. Tu verras les tours, cent fois plus hautes que les plus hauts palmiers, des palais, des maisons de Dieu plus belles, cent fois plus vastes et plus ornées que la mosquée sacrée de Tombouctou et tu y entreras avec tes souliers. J'imagine que, même si tu es bon musulman, tu boiras du vin ; et des femmes au visage découvert te souriront. Tu seras, à chaque pas, étonné et ravi. Et, si tu n'étais déjà un petit soldat de France, qui ne se trouble de rien, je craindrais que ta raison ne succombe — comme il est arrivé pour des hommes de ton pays — devant l'éblouissement de ce monde nouveau que tu ne pouvais guère deviner.

Que se passera-t-il alors dans ton âme simple, quand tu posséderas ce Paris magique dont on te parlait sous la tente? J'imagine que ton admiration sera sans bornes. Tout ce qu'on te disait de la grandeur de la France, dont tu es le fils d'adoption, puisque tu fus son soldat, te paraîtra dépassé par la réalité. Tu penseras que Dieu a voulu que le monde fût à elle et qu'il était écrit que le peuple d'Afrique lui obéirait. Et, en cela, on a bien fait de t'amener parmi nous et de te faire une place en ce jour de fête grandiose. Car, lorsque tu seras retourné là-bas, on écoutera ta parole. Tu seras notre prophète, propageant notre puissance et le respect de nos volontés. Et, peut-être, à part toi, garderas-tu l'éternel regret du rêve entrevu, la tristesse de ne pas être de notre race ; et, songeant au paradis de Mahomet, te diras-tu qu'il est un autre paradis, plus certain, qui est Paris et que ceux-ci sont bien heureux qui peuvent y vivre leur vie ?

Mais, tandis que tu nous envieras, il en est parmi nous qui t'envieront. Civilisés à outrance, trahis par nos désirs que rien ne satisfait, combien de nous qui ont de mélancoliques retours vers la vie demi-sauvage des pays primitifs ? Certes, le danger y environne l'homme. La marche à l'aventure est incertaine, le gîte mal assuré. On souffre de la faim et de la soif. Il t'a fallu te frayer la route à travers la forêt abattue, naviguer par des marais où les roseaux arrêtaient la barque que venait frapper parfois la tête hideuse de l'hippopotame monstrueux. Le repas, le campement étaient des conquêtes à renouveler tous les jours. Oui. Mais aussi la tâche journalière accomplie, quel repos du corps et de l'âme! Quelle tranquillité de l'esprit et de la conscience, que rien ne vient inquiéter et troubler, semblables à l'immobile azur semé d'étoiles que tu contemplais en t'endormant! Ah! mon cher petit sergent noir, être humain admirable et naïf, corps fait pour la lutte, âme faite pour le repos, bâti comme un héros et simple comme un enfant, ne nous envie pas trop. Ignore à jamais les misères morales dont nous souffrons. Et, de notre monde civilisé, ne regarde et n'admire que le splendide décor. C'est ce qu'il y a de mieux. Le cadre et les accessoires valent mieux que le drame ou la comédie que nous y jouons. Et, à l'inverse des contes de fées où les princes sont cachés sous des guenilles misérables, comme les émirs déguisés en derviches mendiants, nous sommes trop souvent, sous nos dehors magnifiques, de bien pauvres gens, connaissant des faims et des soifs que n'apaisent et ne désaltèrent ni le gibier abattu après une âpre poursuite, ni le puits rencontré enfin après la marche sous le soleil...

Petit soldat, qui nous viens des terres lointaines et du pays noir inconnu, nous avons besoin de toi plus que tu n'as besoin de nous. Par toi, nous ferons la conquête d'un monde presque vierge, où doit se renouveler la source de nos richesses. Par toi, par la terre d'Afrique, où nous serions ingrats et criminels de ne pas apporter de la justice et de la bonté, nous rétablirons peut-être l'équilibre social et la paix que troublent nos passions et menacent nos besoins inassouvis. C'est pour cela, que tu ne peux comprendre, que je te salue et que je mets ma main affinée et un peu tremblante dans ta robuste main noire. Mais, encore un coup, ne nous envie pas trop. Tu es l'action, nous sommes le rêve. Par nos souffrances mêmes, nous sommes plus grands que toi, qui es plus heureux que nous. Retourne sans regrets au pays où hier et aujourd'hui, le passé et l'avenir, sont si peu de chose que la dernière et la prochaine lune suffisent pour en parler...

A MM. DÉROULÈDE ET BUFFET

Vous êtes bannis tous les deux : l'un qui fut et qui reste mon ami, car je ne permets plus à la politique de me brouiller avec personne ; l'autre, que je connais à peine, mais vers qui allait ma sympathie, en souvenir de son père qui fut pour moi, en ma jeunesse, un amical conseiller. Je vous plains. Je plains aussi la République d'avoir ses proscrits, encore que je ne pense pas qu'on eût pu agir envers vous autrement qu'on a agi. Mais, quand l'exil n'atteint pas un caissier infidèle, un criminel de droit commun, cette idée de l'exil me hante et me trouble.

Il y a bien longtemps, sous l'Empire, il y avait toute une proscription, nombreuse et illustre. Nous autres, alors jeunes gens, nous allions en pieux pèlerinage vers la demeure des exilés. Je visitai ainsi Démosthène Olivier en Italie, Barni et Quinet en Suisse, Charras et Proudhon à Bruxelles, Barbès à la Haye, Pierre Leroux à Jersey et, le cœur battant d'émotion (car nous étions enthousiastes et respectueux), je frappais à la porte de cette maison de Guernesey où Victor Hugo avait un trône. Combien ces exilés que je visitai étaient différents entre eux ! Certains, comme Proudhon, avaient vu l'exil s'aggraver pour eux de difficultés âpres avec les habitants de la ville où ils s'étaient réfugiés. A je ne sais quel propos, les Bruxellois cassèrent les vitres de l'humble logis du philosophe. Victor Hugo dut quitter Jersey à la suite d'un banquet où il refusa de lever son verre en l'honneur de la reine, selon la mode britannique. Exilé dans l'exil, il gagna le rocher fleuri de Guernesey, intraitable dans son orgueil qu'ennoblissait une idée de devoir. Par contre, Barbès, se méfiant toujours de la police, tenait à passer inaperçu et à rester solitaire. Sur le banc à l'entrée du Bois délicieux qui est l'avenue de la Haye à la mer, où il me donnait rendez-vous, il semblait être Jean Valjean — sans Cosette. Dans la sévère Genève, Barni et Quinet, qui passaient souvent leurs soirées dans la maison qui fut celle de Calvin, chez l'helléniste Bétang, semblaient moins être des proscrits qu'avoir choisi une retraite plaisante à l'austérité laborieuse de leur esprit. Mais, chez tous, et chez ceux qui ne s'y étaient pas fait une vie nouvelle, et chez ceux qui semblaient l'avoir trouvée, je voyais, avouée ou sourde, la même douleur. On peut oublier un temps sa patrie. J'ai vécu des années en Italie et les joies que j'y trouvais m'empêchaient de songer à la France. Seulement, je savais que j'y retournerais quand je voudrais. C'est l'impuissance de la volonté à satisfaire ce désir qui est la vraie cruauté de l'exil. Le proscrit éprouve cette peine du *dam* des théologiens, qui consiste à connaître Dieu et à ne pas le voir. C'est, disent-ils, plus que les supplices de l'enfer, la vraie peine des damnés.

Les peines sur terre ne sont pas éternelles. Il est même assez rare, quand il s'agit de peines politiques, que leur durée ne s'abrège pas quelque jour. Dans un pays agité comme le nôtre, connaissant un flux et un reflux incessant, il n'est pas rare qu'un exilé à vie se promène, un jour, sur le boulevard et même qu'un condamné à mort meure tranquille dans son lit. Avoir été condamné à quelque peine, même à mort, est un accident de la vie politique, comme d'avoir été sous-préfet, à peine plus grave! Parfois même, on en a tiré honneur et profit. Quand je me présentai aux élections contre M. Félix Pyat, l'argument essentiel d'électeurs simplistes qui, tout de même, m'aimaient bien, fut que mon concurrent avait à son actif une condamnation à mort, une à la déportation, vingt-neuf ans de prison et deux cent douze mille francs d'amende. J'avais bien une petite condamnation à mort. Mais c'était, sous la Commune, une affaire entre Marseillais, pas bien sérieuse, et on me démontra que j'étais fort impertinent de vouloir lutter avec un homme qui avait de tels états de service.

Néanmoins, proscrits d'hier, qui ne seront peut-être pas bien longtemps proscrits, la modération des juges laissant prévoir de futures clémences, je vous plains. Non d'une peine que vous avez quasiment recherchée, d'un arrêt que vous avez bravé, mais du danger que vous allez courir dans l'exil. Ce danger, c'est la révolte contre la patrie, dont on peut oublier l'amour, qu'on peut, du moins, arriver à ne plus aimer que d'une façon incomplète et troublée, dans la solitude et l'amertume de l'exil! Dieu vous garde de l'âme de Coriolan... Tout au contraire du dicton, c'est l'erreur commune des exilés et des émigrés de croire qu'ils ont emporté la patrie à la semelle de leurs souliers. La patrie ne tient pas dans le microcosme d'un parti. Elle n'est pas tout entière avec votre monarchie, M. Buffet, avec votre république plébiscitaire, Déroulède. Elle est une chose indivisible, toute à tous. Vous êtes poète, Déroulède, et vous aimez les drames historiques. En quittant le Luxembourg, vos yeux ont certainement rencontré l'affiche de l'Odéon voisin. On y jouait : *France... d'abord !* J'aime à penser que ces mots, les derniers que vous ayez lus sur la terre française, sont ceux dont vous vous souviendrez !

A MONSIEUR LE PRÉSIDENT

DE LA RÉPUBLIQUE

Loin de Paris, comme j'ai coutume d'être aux jours de fête, je lis le compte rendu de l'ouverture de l'Exposition. C'est aujourd'hui la Pâque. Un temps superbe qui, enhardissant les lilas à risquer leurs tendres bourgeons, fait du renouveau de la Nature une réalité. A cette joie des yeux j'associe une joie de l'esprit. Elle me vient de votre discours. Et, avec le respect qu'on vous doit, à vous envers qui l'on en a trop souvent manqué, je vous remercie : et comme à quelqu'une des réceptions de votre Maison Blanche de l'Elysée, je serre votre main d'ancien collègue du Parlement et de compatriote de notre Midi aimé.

Ceci, non parce que vous avez parlé dignement de la grandeur et de la beauté de notre industrie et de notre art, — tout le monde eût su le faire, — mais parce que vous avez voulu que l'Exposition marquât une date dans l'histoire morale de notre temps. Vous avez prononcé ces deux grands mots de justice et de bonté. Vous les avez associés. Et les associer, c'est dire qu'ils se confondent et que la bonté est comme le nom divin de la justice. Contrairement à l'apparence des choses, les mots, ici, resteront et demeureront plus que les pierres. Ils disparaîtront, ces jolis palais qui se reflètent dans la Seine étonnée de ressembler à un canal de la sublime Venise. Mais vos paroles resteront. Je ne crois pas au *Verba volant*. Le verbe vole, du moins, non pour disparaître, mais pour planer de plus haut sur les hommes. C'est la Pâque. Les cloches sonnent à l'église de mon village. Que sonnent-elles? L'écho des mots dits, il y a dix-neuf siècles, par ce doux Jésus qui ne fit rien que jeter des paroles au vent, comme le semeur de la Parabole, et ne sut que mourir, interdisant à Pierre de tirer le glaive pour le défendre.

Je ne sais pas de plus belle fête que la Pâque. Elle émouvait l'âme païenne de Gœthe. Elle est réalité et symbole. La loi de la nature et la loi morale de l'homme y mêlent leurs grandeurs et leurs espoirs. Et il me semble vraiment que, désormais, il doive toujours en être ainsi. La politique, Monsieur le président, est presque absente de votre harangue, encore que vous soyez un personnage politique et le premier de notre pays. Et, si vous faites allusion, de façon discrète, aux haines et aux divisions des partis, c'est pour donner à entendre qu'elles doivent disparaître un jour dans ce grand parti de l'avenir, dont voudront être ceux qui font effort pour être justes et n'ont pas à en faire pour se sentir bons.

On a regretté, avec amertume en certains lieux, que l'ouverture de l'Exposition ait été une cérémonie purement laïque et qu'aucune intervention religieuse n'y fût mêlée. Ceci n'est, pour moi, que chose d'apparence et de contingence accidentelle. En soi et sans qu'il soit besoin de préciser davantage, l'apothéose du travail de l'homme n'est-elle pas l'expression triomphante d'une loi divine? Si l'effort humain est de volonté divine, comme l'enseigne l'Église, absente ou présente en ses représentants, elle ne peut que bénir cet effort et s'en réjouir. Veuillot, en ses diatribes enflammées et de si jolie littérature, avait tort quand il prenait à partie les Expositions, le luxe dont elles témoignent, les plaisirs même qui sont leur accompagnement ordinaire. Il y voyait un triomphe du matérialisme et je ne sais quelle victoire de Satan. C'est que sa vision, ardente et courte, ne s'élevait pas assez haut. Ah! certes, oui : dans nos Expositions, beaucoup d'hommes ne voient qu'une occasion de lucre, une satisfaction de vanité, une facilité de plaisirs. Ceci est réel et je n'ai pas la sottise de le nier aveuglément. Mais il y a quelque chose de plus. Et, mystique à ma façon dans cette fête du travail de tous les hommes, de toutes les nations, de toutes les races, qui s'ouvre précisément le jour de la Pâque chrétienne, encore que tout n'y soit pas prêt et en assez bel ordre, je trouve une haute pensée qu'on peut dire religieuse, si la religion, qui a si souvent divisé les hommes, n'est pourtant, au sens à la fois étroit et élargi du mot, que ce qui doit les relier?

De nous avoir affermi dans cette pensée que tout progrès matériel serait vain, s'il n'était l'instrument d'un progrès moral qui le double, je vous loue et vous remercie, monsieur le président. Vous avez moins, d'ailleurs, exprimé une espérance qu'attesté une réalité. Ce qui se passe, depuis quelques années dans le monde et autour de nous, peut paraître obscur et violent. Les intérêts ont pu faire oublier la justice, et les passions ont ignoré la bonté. Et cependant, il n'est pas un tumulte de bataille, une rumeur de querelle qui n'aient été si forts que les combattants mêmes n'aient entendu ces mots de « justice » et de « bonté » jetés entre eux par des voix puissantes. Vous les avez redits, honnête président, en une occasion solennelle. Et qui sait si, pour modeste que vous vouliez être, vous n'avez pas tracé sa tâche et donné son mot d'ordre au siècle qui s'ouvre?

———

A MONSIEUR YVAN AGUELI

PRISONNIER AU DÉPÔT

J'estime, Monsieur, que vous avez eu grandement tort de tirer quelques coups de revolver sur la voiture des toreros de Deuil et que, si belle chose que soit la logique, c'est la pousser loin de vouloir empêcher une course de taureaux en supprimant la *spada*. Cette application de l'adage : *Sublatâ causâ, tollitur effectus*, est certainement excessive. Je crois pourtant que vous vous tirerez à bon compte de l'aventure où vous vous êtes engagé. Votre crime (car il faut bien appeler ainsi tout attentat à la vie d'un homme) est un acte essentiellement désintéressé et passionnel, une sorte de crime abstrait, où n'entrent ni haine, ni intérêt. Votre avocat le dira et le jury l'écoutera, je n'en doute pas, avec complaisance.

C'est pour cela que, malgré la réserve qu'il faut avoir envers tout accusé, je me permets de vous dire que vous avez eu tort, même au point de vue de la logique, à laquelle vous avez obéi de façon outrancière. Ce qui fait que Deuil a une arène, solide cette fois-ci, paraît-il, qu'on y a estoqué six malheureuses bêtes, éventré quelques rosses et quelque peu froissé un torero — celui-ci, tant pis pour lui ! — ce n'est pas parce qu'il s'est trouvé un industriel pour importer chez nous ce genre de spectacle et pour engager des professionnels tueurs de bêtes, porteurs de petites queues nattées et habillés en figaros. On trouvera toujours des gens avides de gagner de l'argent : et, pour un entrepreneur ou un *torero* tué, on en verra renaître cent. Ce qu'il faudrait supprimer, c'est l'état d'esprit des spectateurs, et, mieux que l'interdiction qui sera sans doute prononcée par la Chambre, saisie d'un projet de loi, j'aurais souhaité que la faillite, née de la répulsion ou de l'indifférence de la foule, réglât la question des courses espagnoles à Paris.

Malheureusement, ces spectacles ont des partisans qui obéissent — la question d'argent à gagner laissée à part — à des sentiments divers et qui ont quelque force dans les esprits. Le snobisme, d'abord, qui joue un si grand rôle dans le goût envahissant du sport. Puis, la cruauté, éveillant le tigre qui sommeille au fond de tant d'âmes humaines et, surtout, l'ordinaire confusion que font, avec une certaine bonne foi, tant de gens, entre la brutalité et l'énergie.

Les mondains assez nigauds qui s'amusent à s'entendre appeler des « *aficionados* distingués », et les brutes, car il y en a, hélas! que la vue du sang versé exalte, sont à peu près irréductibles. Mais je voudrais causer un instant de l'affaire avec quelques excellents bourgeois qui, pour leur propre compte, ne feraient pas de mal à un poulet et pâliraient à l'idée de prendre part, comme je faisais en ma jeunesse, au jeu innocent des vaches landaises et des *ferrades* de Camargue, et qui veulent voir dans les courses une leçon d'énergie et de courage pour notre race. Ces bonnes gens ne sont pas loin de penser que, si les Espagnols ont défendu Saragosse avec héroïsme, c'est aux arènes qu'ils avaient appris l'héroïsme. Il y a là un paradoxe assez répandu et dangereux.

La vérité, c'est que les populations du Midi, qui sont sincèrement attachées aux courses de taureaux — ce qui ne va pas sans créer une certaine difficulté politique dans cinq ou six départements français — ne doivent en rien à ce spectacle ce qu'elles ont montré parfois d'énergie.

Si la jeunesse, comme la chose se faisait primitivement, prenait part au péril de ces jeux, ce serait autre chose. Mais les *toreros* sont des professionnels, exerçant un métier qui n'est pas plus dangereux que celui d'acrobate ou de couvreur, et qui l'embrassent parce qu'ils y trouvent beaucoup d'argent à ramasser, une popularité de cabotins et les œillades des Carmens. Quant à la foule, elle ne court aucun danger et assiste à la fête en buvant de l'eau glacée et en fumant des cigarettes. Un reste trop réel de cruauté, conservé, par atavisme, de la brutalité romaine, une longue tradition, la privation à peu près complète d'autres spectacles et le peu de goût qu'elle a pour les plaisirs intellectuels expliquent assez la passion de la foule espagnole, sans qu'il soit besoin de faire des courses une école de vertus guerrières. Et cette passion, qui s'explique ainsi, s'excuse encore par le milieu et par la beauté pittoresque du spectacle *tra los montes*. La vilenie du massacre des bêtes y peut presque disparaître devant la mise en scène, sous l'éclat du soleil d'Espagne. A Madrid, à Séville, à Cadix j'en fais l'aveu, j'ai ressenti cette ivresse de la foule; et, comme saint Augustin raconte qu'il lui arriva aux jeux du Cirque, ma curiosité d'artiste a triomphé de ma répugnance. Mais, à Paris, les courses n'ont ni le soleil, ni la tradition, ni la qualité de la foule et son pittoresque. Nulle bonne raison n'existe de les imposer à notre goût qui les rejette. Voilà, Monsieur, ce qu'il faut dire et répéter, sans faire intervenir le revolver, qui n'est pas une bonne raison.

LES LUTTES

La mode, comme toutes choses, a des recommencements continuels. La plupart de ses inventions ne sont que des souvenirs. Voici que, de nouveau, les luttes athlétiques font fureur. On n'entend parler que de gaillards qui s'intitulent champions de France ou d'Amérique et même, moins modestement, champions du monde. L'alliance russe se présente même à nos yeux sous la forme symbolique d'un gars bien bâti et solide qui se vante de « tomber » tout le monde. On se défie. On s' « offre le caleçon », comme les chevaliers d'autrefois se jetaient le gant. C'est une fureur.

Cette fureur pour la lutte à mains plates, nous l'avons connue déjà à plusieurs reprises.

Qui ne se souvient du lutteur masqué, Hercule mystérieux que les uns tenaient pour un grand seigneur, que les autres affirmaient être un photographe? Il fit longtemps recette. On pariait sur ses muscles comme sur les jambes d'un cheval. Puis il disparut, oublié. Je ne sais même pas si on a jamais su qui il était? Je gagerais que nous allons le voir reparaître, la foule se laissant toujours prendre aux mêmes artifices. Il n'est pas besoin d'avoir une grande imagination pour exciter sa curiosité enfantine.

On m'assure qu'un de ces jours derniers, dans un des établissements et lieux de plaisirs qui se transforment en palestre, l'impresario des luttes a fait dix-sept mille francs de recettes. Chiffre respectable à troubler l'ombre de Rossignol-Rollin qui promena longtemps par la France le Rempart d'Avignon et le Meunier de la Palud et à rendre rêveur Marseille, qui dresse chaque année sa tente à la foire de Neuilly. Et ce chiffre faisait aussi mélancolique un de nos directeurs de théâtre les plus avisés. Chaque soir, me disait-il, les spectacles d'à-côté, sous une infinité de noms, offrant des attractions diverses, enlevaient une vingtaine de mille francs aux théâtres d'ordre. Ces vingt mille francs de recettes représentent pour quelques-uns, entre qui ils seraient répartis, la différence de la perte au gain, peut-être de la ruine à la fortune. Il n'était pas besoin que les lutteurs se missent de la partie!... Certes, le danger de cette concurrence est grand. Mais je ne crois pas qu'il soit pour durer et devenir permanent. Car ce goût qui, de temps en temps, s'empare de certains Parisiens pour le jeu de la lutte, me paraît factice, exceptionnel, ne reposant sur rien qui soit foncièrement dans nos esprits. Il est très difficile de s'intéresser longtemps à un sport qu'on ne pratique pas soi-même. Or, parmi les spectateurs des luttes, il n'en est peut-être pas un qui ne frémirait à l'idée d'accepter le caleçon et de montrer au public ses maigres anatomies. Encore que devenue savante, la lutte est un sport primitif, un entraînement aux combats corps à corps du premier âge. Il lui faut un autre cadre que celui de Paris et de ses estrades. Quand Puvis de Chavannes a peint son admirable fresque : *Ludus pro patria*, il a évoqué le souvenir de l'Arcadie du Poussin. Là, en effet, la lutte est une image de la guerre et, dans l'arène champêtre, qui est une prairie, la nudité ne choque pas. Il n'y a pas de comparaison à faire entre les jeunes bergers, exerçant leurs forces, et nos professionnels, suant sang et eau pour gagner leur cachet en des « attrapages » de sincérité souvent douteuse. Le goût que certaines femmes ont montré pour ces spectacles est une erreur de goût. Je ne saurais dire quelle désillusion ce fut pour moi de rencontrer dans la baraque de Marseille, où un gros homme en caleçon était aux prises avec un amateur qui avait ôté sa chemise et conservé son pantalon, une de nos plus jolies actrices et qui passe pour être d'esprit délicat... Je ne suis pas hostile au culte de la beauté, même de la beauté masculine, et je comprends qu'on l'admire. Mais, dans les hommages qu'on voudrait lui rendre dans les baraques des lutteurs, n'entre-t-il pas une pointe de corruption grossière ? Et ceci ne dure jamais chez nous.

———

LE PENDU DE L'EXPOSITION

La sociabilité est un mérite de notre race qui s'affirme de cent façons. J'en trouve une, des plus aimables, dans la coutume qu'ont les lecteurs d'un journal d'écrire à ceux qui le rédigent, leur faisant part de leurs observations, quelquefois de leurs scrupules. Il se crée de la sorte des relations entre inconnus, il est vrai, mais des relations qui ne naissent ni du hasard ni des convenances mondaines, ni de l'intérêt, mais uniquement d'une sorte de sympathie et de confiance intellectuelles. A ces amis inconnus je ne manque jamais de répondre. L'un d'eux, qui, selon le conseil que Cicéron donne aux orateurs, entre en matière en m'adressant de douces paroles, me demande d'user de mon influence qu'il exagère fort, pour faire décrocher et enlever « le pendu de l'Exposition ».

Il y a donc un pendu à l'Exposition ? Il paraît. Ce pendu — un mannequin — se trouve dans l'enceinte du Vieux-Paris. On l'aperçoit de loin quand on descend la Seine, et, me dit mon correspondant, l'impression en est pénible. Je le crois volontiers, et il ne demande pas mieux que de voir disparaître ce pantin macabre. Voilà la commission faite. Cependant, il faut bien faire observer que le pendu est un élément essentiel dans la restitution véridique de l'aspect d'une cité du moyen âge. Et je rougis d'ajouter qu'il y était presque un élément de gaieté !

Le respect de la vie humaine et la pitié pour la souffrance, si tant est qu'ils soient entrés dans l'âme populaire, n'y sont entrés que depuis peu. Il n'est pas besoin de remonter jusqu'au moyen âge pour trouver des époques où l'on pendait les gens avec une extrême facilité. Au commencement de ce siècle, la peine de mort était encore appliquée en Allemagne pour le vol domestique. Un vieil ami de mon père me racontait — et je n'ai pas oublié l'horrible récit qui indignait mon enfance — y avoir vu pendre une jeune servante qui avait dérobé à son maître six bouteilles de vin. Crime judiciaire pire encore que l'exécution du garde-suisse, fusillé pour avoir pris un foulard dans la maison où il logeait, afin d'apporter un souvenir de France à sa fiancée, atrocité presque contemporaine qu'excusait encore la rigueur nécessaire de la discipline d'un corps d'élite et qui nous a valu la nouvelle : *le Mouchoir bleu*. On a longtemps pendu les pauvres diables pour un oui ou pour un non. En Angleterre, au commencement de ce siècle, on pendait encore pour le délit de contrebande. Seulement, quoique les Anglais passent pour avoir la corde facile, on trouvait tout de même excessif d'accrocher un homme à la potence pour un paquet de marchandises dissimulé aux douaniers. Et Victor Hugo raconte, quelque part, que les Anglais, en gens pratiques et pour concilier le respect de la loi et de la tradition avec un peu d'humanité, avaient imaginé, lorsqu'ils avaient pendu un fraudeur, de le goudronner et de ne pas en pendre d'autres, tant que celui qui figurait pour l'exemple restait un pendu présentable!

Ce qui donne à rêver, c'est moins encore la cruauté de la répression judiciaire que cette sorte de gaieté, que j'ai dite, avec laquelle on en parlait. Villon, qui n'était pas de conduite exemplaire et qui vit la potence de près — même en faisant la part de la légende — ne tarit pas de plaisanteries sur les pendus. On trouve toutes sortes de récits ultra-joyeux sur leur compte dans les Nouvelles où se délectait Louis XI. Souvent on a cité — et nous étions déjà au grand siècle — la cruauté ou, tout au moins, l'indifférence singulière avec laquelle Mme de Sévigné parle de la laide grimace que faisaient les suppliciés par la corde qu'elle rencontrait au bord des routes, pendant un voyage. C'est que la pendaison, telle surtout qu'on la pratiquait jadis, présente cette particularité horrible de mettre, par les contorsions et les grimaces du patient, du comique dans l'horreur tragique de la mort. Le don César de Bazan du mélodrame ne voulait pas être pendu, pour ne pas donner à rire aux manants de la figure qu'il ferait au bout d'une corde.

Car, hélas! on riait. Et, aujourd'hui encore, il faut bien constater que les supplices en public ne causent pas seulement l'émoi grave et la terreur salutaire qu'on veut attendre d'eux. Aussi l'usage en doit-il disparaître. L'Espagne va renfermer l'échafaud dans l'intérieur des prisons. Le *garrote vil* ne sera plus ce qu'il fut pour Goya, ce Callot agrandi en qui il y avait un Delacroix pressenti. L'exemple est bon. Et, peut-être, serait-il bon aussi, en dépit de la vérité historique et de la couleur locale, de faire disparaître du Vieux-Paris le pendu qui tourne au bout de sa corde, encore que ce ne soit qu'un mannequin. Le passé aboli nous tient encore plus qu'il ne faudrait. Effaçons-en les tristes images.

LE CHATEAU DE TALLEYRAND

On vend ce beau château de Valençay, que Talleyrand loua si cher à Napoléon, pour y interner le roi d'Espagne. Et, en attendant qu'on mette aux enchères le château historique, les parcs admirables et les terres qui en dépendent, la galerie des tableaux, les curiosités et les meubles passent à l'encan et sont disputés à prix d'or. *Sunt lacrymæ rerum*, disait Virgile. Les choses, ici, n'ont pas de mélancolie. On y trouverait plutôt un large et ironique éclat de rire !

Quoi de plus plaisant, par exemple, que cette mise en vente successive des portraits des souverains, d'origine diverse, que le prince de Bénévent avait servis ? J'ai connu un négociant quelque peu cynique qui avait fait élever une villa, en trois corps de bâtiment, érigés à d'assez longs intervalles. Chaque corps de bâtiment portait une date : c'étaient les dates des trois faillites de ce trop habile homme, qui faisait des bénéfices en déposant son bilan. A chaque faillite de ses convictions, à chaque banqueroute de ses serments, Talleyrand gagna quelque petite chose, fit un marché avantageux, avec un portrait pour épingles. Ce sont ces portraits qu'on a vus passer aux enchères. Napoléon s'est bien vendu, et Charles X aussi. Mais il y a eu du déchet pour Louis-Philippe... Et non seulement on a vendu les portraits des souverains français que Talleyrand avait servis, mais encore toute une série de miniatures représentant les souverains avec qui il avait été en affaires. La cote de ces enchères n'est pas sans philosophie.

Le roi de Prusse n'a *fait* que 110 francs. Nous sommes patriotes, et le portrait du tsar Alexandre a été au triple. Quant au portrait du pape, que Talleyrand brava et déposséda et à qui il finit par faire amende honorable, il s'est bien tenu.

Je songe à ce Talleyrand, qui fut, tout de même, de grande envergure. L'âme de cet homme, qui a tant parlé, reste secrète. Il est vrai qu'on lui attribue ce mot : que la parole a été donnée à l'homme pour dissimuler sa pensée. Qu'il serait curieux de l'interroger ! Mais où ? Dans les Champs Elysées ou dans le Tartare ? Et il serait capable, l'habile homme, d'avoir un pied dans le paradis, et l'autre, le mauvais, le pied boiteux, dans les enfers. La foule porte sur lui, quand son souvenir s'évoque devant elle par quelque hasard, comme aujourd'hui, un jugement sévère et sans atténuation. On lui accorde de l'esprit, sans plus ; pour le reste, un génie d'intrigue confinant à la trahison. Il est certain qu'il fut effroyablement prévaricateur dans toutes les charges qu'il occupa, Verrès qui sut toujours faire taire Cicéron. De plus, il fut un prêtre scandaleux avant d'être un prêtre défroqué ; et, en France, au moins aujourd'hui, les libres penseurs eux-mêmes n'aiment pas le clergé libre de mœurs. Si Homais loue l'homme d'Église qui jette le froc aux orties, il ne veut pas que ce soit pour porter la tunique trop dénouée. Et celle de Talleyrand le fut comme pas une! Il était, d'ailleurs, charmant avec les femmes, de bonne grâce d'ancien régime et courtisan de la beauté aussi bien que du pouvoir.

La foule est toujours trop simpliste dans ses jugements. Elle a trop facilement adopté cette définition ultra-pittoresque de Talleyrand où il est question d'un bas de soie et de quelque autre chose encore. Il me semble qu'il ne faut pas trop rabaisser les hommes qui ont joué un grand rôle dans notre histoire? Celui de Talleyrand fut grand et, par moments, de haute utilité. Il fut aux États généraux l'ami de Mirabeau et un de ceux qui firent le plus pour l'union du tiers et du clergé et de la noblesse. On peut croire que, si Napoléon l'eût écouté, bien des désastres eussent été évités. Talleyrand, à deux reprises, avait rapproché la France et la Russie.

Il se vantait de pouvoir le faire encore après Leipzig, si l'empereur lui eût laissé carte blanche. Quoi qu'il en soit, son influence sur le tsar amena la reconnaissance des Bourbons par l'Europe et nous valut, au traité de Paris, des conditions moins dures que celles qu'exigeait la Prusse. D'ailleurs, serviteur de Napoléon, il avait fait repousser l'idée de la régence et remis Louis XVIII sur le trône, ce qui ne l'empêcha pas, après 1830, d'aller à Londres demander et obtenir que l'Angleterre reconnût le « roi des barricades... » Cet homme perspicace et qui voyait souvent de loin n'en restait pas moins l'homme des faits accomplis.

En tout ceci, en ces palinodies renouvelées, Talleyrand obéit-il seulement à un scepticisme égoïste de son esprit, à une souplesse de caractère allant jusqu'à la bassesse, à un appétit de richesses et d'honneurs ne reculant devant rien? Lamartine l'a pensé et bien d'autres avec lui. On peut croire, cependant, qu'il y eut autre chose dans l'âme de Talleyrand et comme une conception philosophique du rôle des diplomates qui le justifiait à ses propres yeux. Il avait été d'Église : et, si mauvais prêtre qu'il fut, l'évêque d'Autun pouvait avoir été imprégné de cette politique ecclésiastique, opportuniste à l'excès, qui veut qu'on accepte les faits, pourvu qu'on les puisse tourner en quelque façon à l'utilité et à la gloire de l'institution catholique. Pourquoi ne pas supposer, laissant les mauvaises mœurs du prêtre et les pitreries du ministre pour ce qu'elles valent, qu'ayant vu se succéder une dizaine au moins de régimes, indifférent aux formes de gouvernement, ingrat envers les hommes qu'il méprisa trop, ce qui ne va pas sans se mépriser un peu soi-même, il pensa qu'après chaque désastre et chaque révolution il restait tout de même quelque chose, qui était la France et qu'il pensait pouvoir servir? Le mot a été dit, au procès Bazaine, par un des plus honnêtes hommes de notre temps. Il ne me déplairait pas de croire que le sentiment qu'il exprime est si grand et si beau qu'il a pu être le rayon de l'âme de Talleyrand, assez noire en toute autre chose?

A GYPTIS...

Voici vingt-cinq siècles que tu es morte, petite Gyptis, belle Ligurienne aux cheveux noirs et que ton âme d'amoureuse s'envola aux Champs Élysées, le Paradis n'existant pas alors. Tu n'as pas de tombeau. Cependant, plus heureuse que sont maints conquérants glorieux en leur temps et dévastateurs de cités, tu n'es pas oubliée. Car nous voulons que ce soit toi, la belle fille, qui fondas la grande Marseille-la-Phocéenne. Et voici qu'aux fêtes de Marseille, où je voudrais être, — mais fait-on jamais selon son désir? — tu ressuscites et reparais, encore jeune et belle, ô mon aïeule! Les reporters, pour une fois, ont eu un tact exquis. Dans cette cérémonie évocatrice de l'arrivée des Phocéens sur la terre de Ligurie, ils ne nous ont pas dit le nom de celle qui, pour un jour, le représentait et prenait ton nom. Était-ce quelque brune *porteïris*, fille vigoureuse de la rivière de Gênes, accoutumée à porter des fardeaux sur sa tête, comme une canéphore de bas-relief, sans plier son cou de déesse? Était-ce une enfant de la ville haute des pêcheurs, qui obéissait à son évêque, ou de la ville basse des commerçants, qui fondèrent la plus ancienne république des Gaules? Je ne sais; et, ma belle compatriote, reine anonyme de beauté, c'est Gyptis que je salue en toi, Gyptis, mon aïeule!

Car, lorsque, dimanche dernier, les Phocéens, — commandés par un excellent Marseillais, quoique d'origine suisse, M. Fraissinet, le grand armateur, — sont arrivés dans le vieux port de Marseille sur leurs barques noires à cinquante rames (en retard, d'ailleurs, comme un simple train de chemin de fer) pour y être reçus par des Ligures qui fumaient leur cigarette, le cortège nautique s'est arrêté juste en face de ma maison paternelle. L'his-

toire se trompe et ment parfois; la légende ne
ment jamais. Et je tiens pour hors de conteste
que les choses se passèrent ainsi, il y a vingt-
cinq siècles. Il me semble que j'y suis et que
je regarde de la fenêtre de la chambre où je
suis né. Sous les ordres du beau Photis, les
Hellènes tirèrent leurs barques sur la grève.
Que de choses inconnues ils apportaient avec
eux! Des jarres de blé, des ceps de vigne, des
greffes d'olivier, tous les dons de Cérès et de
Pallas à la race chérie des dieux. Et aussi les
images sacrées des divinités protectrices de
Phocée, la mystérieuse Artémis et le brillant
Apollon. Et, à la poupe du navire, réglant la
cadence des longues rames, le cithariste redi-
sait les chants de l'Ionie... Car les Phocéens
furent aussi bons musiciens que leurs fils
marseillais, et la première colonie qu'ils fondèrent s'appela la ville des Cithares (Kitaris-
tha). Mais toi, belle Gyptis, tu ne vis ni les
jarres vernissées, ni les ceps, ni l'olivier cher
à Pallas. Tu n'écoutas pas le « Io Pæan » du
cithariste. Tu ne vis que ce beau garçon de

Protis, superbe sous son casque d'airain empanaché, avec sa cuirasse ciselée et son glaive court, arme de héros, battant sa cuisse vigoureuse et nue. Et, sans savoir même que cet étranger était de la race aryenne et que le même noble sang coulait dans ses veines et dans les tiennes, tu offris à ses lèvres pleines de promesses la coupe de bois des fiançailles...

C'était, entre nous, ma petite Gyptis, aïeule peu sévère, une action très inconséquente pour une demoiselle bien élevée et fille d'un grand chef! Mais que tu fis bien de la commettre! Car, en ouvrant à l'aventurier la porte de la chambre nuptiale dans ta cabane de paille, tu ouvris à la divine Hellade la porte de la Gaule sauvage. Et c'est ainsi, par un caprice d'amour, que fut fondée ma ville de Marseille, la glorieuse bien-aimée. De toi et des compagnons de ton Ionien naquit ce peuple dont l'histoire est incomparable, commerçant et batailleur, ivre de liberté et d'art, qui, devant haïr les Anglais, battit les Carthaginois et fit libre, pour un temps, le lac sacré méditerranéen ; qui découvrit la Baltique, comme s'il eût prévu l'alliance russe ; qui protesta contre le coup d'État de Décembre en prenant parti pour Pompée et en arrêtant César, qui dut incendier les forêts de Notre-Dame-de-la-Garde pour réduire la ville ; qui battit le traître Bourbon et le Pescaire de Charles-Quint, — *ô pécaïré*, disent encore les femmes, en souvenir du massacre des lansquenets sous les murs du boulevard bâti par les dames de Marseille, — et qui, ville vingt fois prise, jamais conquise, se donna un jour à la France, par amour d'elle, comme tu te donnas, Gyptis, à ton bel Ionien... C'est pourquoi, petite Gyptis, ton nom reste éternel. Par toi, dans la grande âme française, est entré le divin rayon de l'âme hellénique. Et nous te bénissons encore, folle amoureuse, symbolique et réelle, qui ouvris tes bras de belle sauvagesse à l'époux venu d'Orient, à l'Ionien dont le nom était « Lumière ! »

CAPRI

J'ai lu cette information : que l'usine allemande Krupp allait avoir une succursale en Italie. Ceci peut être de quelque importance politique, à laquelle je ne m'arrête pas. Ce qui me frappe dans la nouvelle, c'est le lieu choisi pour y placer cette fabrique de canons et de machines de guerre. Le lieu serait l'île de Capri. Ainsi, nous verrions l'île des Chèvres changer d'aspect. Ses petits sentiers dallés de rochers blancs, enfermés parfois entre des murailles que les câpriers lézardent de leurs racines pénétrantes et couronnent de leurs fleurs parfumées, s'élargiraient pour laisser passer de formidables engins. L'escalier qui, de la plage, monte à

Anacapri, mal ombragé par les feuilles luisantes des figuiers, disparaîtrait pour faire place à quelque tramway. On y rencontrerait désormais les rudes ouvriers du fer et de l'acier, au lieu des pêcheuses portant leurs paniers sur la tête avec la grâce noble des canéphores antiques. Nous ne pourrions plus y chercher les sœurs de Graziella. Les rochers qui couronnent l'île, entre lesquels on tend les filets où, depuis des siècles, les cailles ingénues viennent se faire prendre, s'aplaniraient pour qu'une usine couvre le sol de ses ateliers bruyants et redoutables et s'élève là où fut le palais de Tibère. La nuit, les hautes cheminées, jetant leurs flammes et leurs fumées rouges, feraient concurrence au panache du Vésuve voisin, reflétant leurs lueurs jusque sur les eaux de la grotte d'Azur. Et le bruit des marteaux des cyclopes modernes couvrirait le bruit des chansons lointaines et des rames battant la mer. La Sorrente des orangers deviendrait un centre industriel, et les fruits qu'on embarquerait sur ses balancelles aux voiles peintes seraient les boulets d'acier qui tuent.

C'est le progrès. Je le subis. Il ne faut même pas aller jusqu'à pousser, avec Goncourt, ce cri : « A bas le progrès ! » Mais je ne puis m'empêcher d'éprouver le mélancolique et amer regret des choses du passé qui disparaît. Cette île de Capri était et reste encore un lieu étrange et divin. On y évoquait un des plus formidables souvenirs de l'histoire. Le mystérieux Tibère avait vécu là les dernières années de sa vie : monstrueux débauché, si l'on croit, sans réserves, aux récits de Tacite, probablement hypocondriaque voisin de la folie, politique et administrateur de génie. Mais l'ombre de cette figure est comme dissipée au vent frais de la baie de Naples. Lamartine raconte que, lorsqu'il parlait de Tibère aux pêcheurs des îles, il n'évoquait en eux aucun souvenir légendaire. La mémoire de l'homme s'était abolie dans l'éternelle caresse de la Nature. A l'époque, qu'on peut appeler l'époque héroïque, où nos poètes et nos artistes de France découvrirent Capri, l'île était une sorte d'oasis oubliée du monde. Des êtres simples et redevenus primitifs y vivaient comme une tribu perdue de bohémiens de la mer. Le peintre Hamon, artiste rare, en qui se mêlaient, choses plus proches qu'on ne pourrait le croire, l'esprit parisien et le sens de l'hellénisme décadent, me racontait qu'il avait été logé chez un vieux Capriote qui, de sa vie, n'était allé à Naples. Imaginez un habitant de Versailles qui ne serait jamais venu à Paris !

Je sais bien que ce Capri primitif est devenu lui-même légendaire. Les pays pittoresques, en notre temps de voyages faciles, ne restent pas longtemps inconscients d'eux-mêmes. Les belles filles de Capri apprirent vite et, de toutes les façons, ce qu'est l'état de modèle. La dernière fois que j'allai à Capri, un impresario qui parlait français et anglais, obligeant jusqu'aux dernières complaisances, me proposa d'organiser une tarentelle sur la terrasse de l'hôtel, et, le soir, je vis tourner, en frappant leurs tambours, des Graziellas qui ne ressemblaient que trop et de toutes façons aux danseuses de nos music-halls. La grotte d'Azur a des ondines tarifées. N'importe ! Quand bien même les pêcheurs et les paysans de Capri se seraient dégradés à devenir des figurants, rien ne saurait altérer la beauté du cadre où ils vivent. On n'organise pas les couchers de soleil et c'est des coulisses invisibles du ciel que sort la chanson de la mer et que vient le souffle du vent faisant tressaillir les feuilles argentées des oliviers grêles. Et ceci fait de Capri une sorte d'île sacrée, à qui j'aurais voulu voir épargner l'affront de devenir une fabrique, fabrique d'engins de mort, là où la vie apparaît si douce. On défend, partout en Europe, les monuments d'architecture, et, en Italie, on contraint même les particuliers à ne pas faire sortir les tableaux et les œuvres d'art du pays où ils sont nés. Ne serait-il pas aussi juste, quand on défend ainsi l'œuvre des artistes, de sauver parfois aussi de la destruction les chefs-d'œuvre de beauté que la pitié de la nature a créés pour la joie des hommes?

DANTE

Les restes retrouvés de Dante vont être placés, en une urne funéraire, dans cette admirable bibliothèque de Florence, si riche et qu'un de ses conservateurs appelait « la grande mer ». Mer où, en ma jeunesse heureuse, libre de tout soin, je plongeais chaque jour pendant des années, y cherchant, comme une perle, quelque souvenir de ma cité d'élection, la grande Florence! Les restes de Dante avaient eu, comme il l'eut de son vivant, une destinée errante et singulière. Ravenne, où il mourut et où son ombre flotte encore dans cette *pineta*, bois sacré où Byron l'évoquait et qui est un des plus beaux endroits du monde, Ravenne avait gardé ses os. Mais ils n'étaient point dans le tombeau affreusement restauré par la main à la fois pieuse et sacrilège d'un cardinal du xviii° siècle, et qu'on montre aux voyageurs. Pour le mettre à l'abri des revendications ou des vengeances posthumes, on avait caché dans un mur épais le corps du poète. Il fut, ce qui est bien original, pendant longtemps la propriété privée d'une famille. Enfin, après plus de six siècles, Florence rentre en possession des cendres de ce fils glorieux qu'elle avait chassé, et à qui elle avait bâti un cénotaphe dans la nécropole de l'église de la Croix et dressé une statue que j'ai vu inaugurer.

J'approuve cette place choisie pour y accorder l'éternel repos aux cendres de Dante : la bibliothèque florentine. Car le palais du Gouvernement (*gli Uffizi*) où se trouve la bibliothèque est, en même temps, adossé à la fière Signoria, à la porte écussonnée du Lys rouge, — le Musée. Dans ce cimetière vivant et triomphal, le poète est entouré des œuvres de ses contemporains et des images de ceux qui, plus tard, s'inspirèrent de sa pensée. Là se trouvent Giotto, le pâtre de génie qui fut son peintre et qui débrouilla l'art italien de la convention byzantine; Fra Angelico, qui peignit sa Béatrix dans les anges de ses paradis mystiques; et Michel-Ange, soldat de Florence comme Dante; et Machiavel, qui écrivit son *Prince* en se souvenant de la *Monarchie*. Et puis, dans le choix de cet emplacement, je trouve comme un symbole. Tout peut être discuté dans Dante : sa vie politique, qui a besoin, pour être comprise, d'une connaissance nette de l'histoire de Florence, très confuse; sa philosophie chrétienne et platonicienne, dont on a dit, avec raison, qu'elle était la négation même de la Renaissance. Mais ce qui ne peut être discuté, ce qui rayonne éternellement au-dessus des pasagères contingences, c'est son génie de lettré. La gloire du poète est impérissable. A cette Renaissance italienne qui se fit presque contre lui, il fournit, par un heureux paradoxe, son instrument littéraire essentiel : la langue de la *Divine Comédie*.

Ce livre est un de ceux avec qui j'ai le plus vécu, à Florence même, comme il convient : car le livre et la cité sont semblables. Je le lisais sur une terrasse de Fiesole, d'où je voyais la ville couchée à mes pieds, la ville d'il y a quarante ans, avec son dôme de Brunelleschi, que Michel-Ange a imité à Saint-Pierre de Rome, sans l'égaler, ses palais-forteresses, ses ruelles enchevêtrées autour du Vieux-Marché, la ville presque intacte encore, avant les fâcheux embellissements qu'elle a subis quand elle a voulu prendre des airs de capitale. Et la cité, c'était bien le livre dantesque, avec ses trois grands chapitres : Enfer, Purgatoire et Paradis. L'Enfer et le Purgatoire du poëte, — avec ses haines furieuses, ses invectives, ses injustices, ses sévérités féroces, — on les retrouvait dans les souvenirs évoqués au coin de chaque rue. Car il n'y a pas une dalle grise du vieux Florence qui n'ait eu sa tache de sang, pas un mur de palais qui n'ait été léché par la flamme. Pendant trois siècles, la

Florence de Dante, qui vient juste au milieu de cette longue période de troubles, connut et essaya toutes les formes du pouvoir politique et, chaque essai fut une révolution sanglante. Elle connut l'occupation étrangère, la tyrannie des féodaux, l'oligarchie des riches, la démocratie de la Commune, outrée à ce point que, pour châtier et flétrir les voleurs, le peuple les proclamait nobles, et aussi, avec Savonarole, la dictature théocratique, égalant en pieuse sauvagerie l'État de Genève sous Calvin. Quand la guerre civile n'était pas générale, elle se continuait par des coups de main particuliers et des assassinats. Un chevalier gibelin exilé, gardant pour la Cité cet amour ensorceleur qu'elle inspire, rentrait par surprise dans son palais et y tenait six mois. La première fois que le nom d'un Médicis apparaît dans l'histoire, c'est pour avoir assassiné un chef de corporation. Et cependant, sur cette terre en proie aux plus effroyables violences, l'art fleurit de toutes parts, comme dans la campagne, au pied de ces murs qui ont vu tant d'assauts, le long de ces routes qui ont vu passer tant de proscrits et de fugitifs, les anémones, les jonquilles, les violettes poussent, pressées et odorantes, au printemps hâtif. Et, au milieu des tueries, l'idéal se manifestait, au temps de Dante, à l'aube incertaine de la Renaissance, avec la foi, tantôt naïve, tantôt subtile, des couvents, avec la philosophie retrouvée, avec la poésie... Enfer, Purgatoire, Paradis! Jamais, en aucun temps, nulle cité ne connut de tels contrastes, ne fut si terrible et si exquise, ne résuma, à un tel point, les grandeurs et les misères de l'homme.

Dante et son œuvre sont toute une époque dont rien n'est omis : et c'est pour cela que les jugements qu'on porte sur eux sont incertains. Je ne parle pas du jugement commun, mais de l'opinion de ceux qui les ont étudiés avec une curiosité passionnée et impartiale. Ce n'est pas que la commune opinion se trompe, quand elle salue en Dante un des plus grands poètes du monde. Ceci est acquis. Mais supposons que Dante ait écrit en latin, ce qui faillit arriver. Il est bien clair que les érudits seuls le connaîtraient. Il ne serait plus l'homme qui a fixé une langue, qui lui a donné, d'un coup, une incomparable magnificence, et qui, dans cette langue comprise de tous, a exprimé un certain nombre de sentiments généraux, accessibles à la foule. Il n'en resterait pas moins un homme d'action, un politique et un penseur. Mais que vaudrait ce politique et quelle action utile ce penseur aurait-il mérité d'avoir sur son temps?

Mon doute est cruel ou, plutôt, je ne doute guère. Certes, Dante fut patriote. Son ambition, très grande, fut noble. Au milieu des factions, jouant le rôle ingrat des modérés, il jeta des idées de justice. Ses douleurs de proscrit furent sincères : il les a dites de façon touchante. Sa hauteur de caractère s'affirma dans la façon dont il refusa sa grâce offerte à des conditions déshonorantes. Je passe sur ses malédictions à la terre toscane :

on peut maudire et aimer encore. Mais il me paraît hors de doute — avec toutes les excuses qui lui viennent du temps où il vécut — qu'en abandonnant le parti guelfe, qu'en préférant le protectorat du César germain à l'idée des Républiques fédérées sous le pouvoir moral des papes, il poursuivit un rêve dangereux pour sa patrie et pour l'humanité. Et, de même, sa philosophie chrétienne ne pouvait guère avoir d'autre résultat que celui d'arrêter le mouvement émancipateur et scientifique de la Renaissance. En réalité, la philosophie de Dante, mêlée de rêves platoniciens, c'est l'indignité de l'homme et la nécessité de la grâce : une injustice au point de départ, la négation du libre arbitre comme conclusion. Ce sont là les idées essentielles du moyen âge, servies par saint Augustin et par saint Thomas contre la revendication de Pélage, continuées jusqu'aux jansénistes, adversaires de l'admirable jésuite Molina. Philosophie mystique et rétrograde. Remarquons, en passant, que ce caractère rétrograde se traduit, après Dante et sous son influence, dans l'œuvre des peintres qui ont célébré la mort, Holbein ou Orcagna. Même artistiquement, plastiquement, *le Triomphe de la mort* d'Orcagna est en réaction sur les fresquistes de la Renaissance, et le cycle artistique dantesque ne se dégage pas du moyen âge. Il est le triomphe de la mort ; et la Renaissance, c'est le triomphe de la vie ! Mais, ceci dit, que je voulais dire, ce n'en est pas moins avec émotion que j'apprends le dernier hommage que Florence rend à Dante. Le buste, a dit Gautier, survit à la cité. Ainsi à la politique douteuse, à la philosophie et à la théologie de Dante, survit son génie de poète, — les mille vers, épars en son œuvre, où l'humanité vit, pleure et aime.

LA MESSE D'ISIS

Tout arrive. On a refusé du monde à la messe ! Il est vrai que l'église était la Bodinière et que la messe était la messe d'Isis. Notre confrère, M. J. Bois, homme aimable et non sans éloquence, versé dans les mystères de l'occultisme aussi bien que dans ceux de la vieille Égypte, s'est fait le *manager* de ce culte nouveau de l'antique Isis, et, avant qu'on dise la messe, c'est lui qui fait le sermon. De ces messes, qui n'ont rien à voir avec celles de nos prêtres et que ceux-ci regardent comme messes noires, M. J. Bois n'a pas l'étrenne à Paris. Et, avant lui, nous avons assisté à des messes d'à côté.

L'une fut dite, voici cinq ou six ans, devant une nombreuse assistance, au musée Guimet.

C'était une messe bouddhiste. L'officiant était un bonze authentique, venu en Europe je ne sais pour quelle raison, et qui sortait d'un couvent bouddhique du Japon ou du Thibet. La cérémonie, que j'écoutai pour ma part avec une grande gravité, était des plus intéressantes. Sauf qu'on y jetait poétiquement des fleurs effeuillées comme jadis dans nos processions demi-païennes du Midi et que le gong y remplaçait la sonnette du servant, on eût cru assister à une messe catholique. C'étaient les mêmes prières, avec les répons, les génuflexions et les allées et venues devant l'autel, les encensements de parfums, l'élévation de l'image du Bouddha, comme nos prêtres font pour l'ostensoir rayonnant. Et ces similitudes du culte donnaient à rêver.

Elles sont frappantes. Un courageux missionnaire français, du commencement de ce siècle, le R. P. Huc, ayant pénétré dans les lamaseries thibétaines, les avait remarquées, avec sa compétence du rituel. Non sans inquiétude, mais d'une bonne foi honorable, il note ces similitudes de costumes et de liturgie dans le curieux récit de sa mission. Le P. Huc va plus loin. Il croit aux miracles bouddhistes. Il en a vu s'accomplir devant lui. Et, ne sachant vraiment les expliquer, il s'en tire en les attribuant au pouvoir du diable.

La messe d'Isis n'a pas ces ressemblances avec la nôtre. Elle est dite par un prêtre égyptien, assisté d'une danseuse sacrée. Le prêtre, un grand diable au teint de pain d'épice, vêtu d'une nébride en peau de panthère, dit des oraisons : et la danseuse qui est, je crois, une Anglaise, jolie fille d'ailleurs, qu'elle soit sacrée ou non, danse le pas des quatre Saisons, en l'honneur du renouveau éternel de la Nature. Je me demande où diable notre confrère a pu dénicher un prêtre égyptien apôtre d'Isis et une danseuse sacrée qui a l'air d'une bonne élève de M⁽ᵐᵉ⁾ Mariquita? Mon ami toujours regretté J.-J. Weiss prétendait, il est vrai, qu'on trouvait tout à Paris et que, mieux qu'à Venise encore, Candide pourrait y assister à un souper de rois dans une auberge. J.-J. Weiss limitait même Paris au quartier des Batignolles. Est-ce de là que viennent le prêtre d'Isis et la danseuse sacrée? Peut-être! Mais nul, dans l'assistance, ne semblait avoir l'irrévérence de le penser.

L'assemblée, vraiment, était respectueuse. Qui sait si notre Paris est si sceptique et si railleur qu'on nous le dit? Ce n'est pas la première fois que je vois des foules prendre très au sérieux des manifestations et des cérémonies d'ordre philosophico-religieux, très en dehors de nos habitudes. Il a suffi d'un cours au Collège de France pour créer des fidèles bouddhistes, heureux de faire de leur ennui de vivre la mystique croyance au Nirvâna. Bien longtemps avant, j'avais connu, au café, un bouddhiste, probablement alors unique à Paris. Il s'appelait Fioupou et était employé au ministère. Est-ce son nom d'apparence chinoise ou japonaise, qui détermina sa foi, comme eût pu le penser Sterne? Mais on prétend qu'il mourut en tenant la queue d'une vache dans sa main... Ne taxons pas de folie ce retour aux vieilles religions, cette aspiration aux croyances nouvelles. Si bizarres qu'elles se montrent, elles sont l'obscur et hésitant effort des esprits vers ce Dieu nouveau qu'Alfred de Musset appelait avec angoisse. Isis? Pourquoi pas, puisque, tout aussi bien, ce fut une déesse adorée à Paris, et qu'on assure avoir retrouvé son image en pierre noire près du puits de Grenelle? L'esprit religieux survit dans notre race à la critique philosophique du XVIIIe siècle, aux négations scientifiques du nôtre. A l'heure actuelle, il y a peut-être à Paris plus de bouddhistes que d'athées. Malheureusement, l'esprit religieux se satisfait souvent mal. Il me semble parfois que nous sommes dans la Grèce décadente, où Lucien raillait Zeus et où la foule courait aux miracles d'Apollonius et de cet étrange Peregrinus qui se brûla vif pour devenir dieu...

LA CHASSE

La chasse est fermée. Le soleil couché, — et on lui laisse le temps de disparaître tout à fait dans les brumes de l'horizon, — on a tiré le dernier coup de fusil, dans la dernière battue. On aura dégringolé le dernier faisan de l'année, bête malchanceuse, comme certains hommes le sont. Tout finit, sauf l'affaire Dreyfus ! Et toutes les choses qui finissent ont en elles une mélancolie. On se dit bien, au retour de la dernière chasse : « Au revoir ! à l'an prochain ! » Mais que d'événements peuvent arriver d'ici là, modifiant notre vie, en admettant que cette vie même ne nous soit pas reprise ! La vie est toujours incertaine et les lendemains sont douteux. Seulement, dans l'histoire des peuples et des sociétés, il y a des moments où l'on s'aperçoit moins de cette incertitude, où l'on est moins hanté de ce doute. Aujourd'hui étant semblable à hier, on compte sur demain. Ne sommes-nous pas, au contraire, dans une période fâcheuse, où les illusions s'envolent vite, comme l'oiseau posé sur nos toits, d'après le mot du poète, et où nulle apparence de certitude ne vient endormir nos inquiétudes et raffermir nos esprits !

C'est pour cela que, ces temps-ci, j'ai quitté Paris le plus souvent que j'ai pu, courant les bois, le fusil à la main, ayant déclaré une guerre sans trêve aux faisans et aux lapins. Quand on aime vraiment la chasse (et il ne faut aimer que ce qu'on aime bien), on doit l'aimer en chasseur rustique. Nul mélange de vanité, nul enfantillage de costume, nulle prétention mondaine continuée au fond des bois. Seul, ou avec deux ou trois bons compagnons qui pensent comme vous, on se laisse aller et on revient très facilement à l'atavisme du chasseur par nécessité, qui allait à la conquête de sa nourriture et du repas incertain de la nichée. Dans cet état d'esprit, la chasse est salutaire. Elle est réparatrice, tout au moins par le complet oubli qu'elle apporte des soucis et des inquiétudes. Au bain de grand air, parfumé de l'odeur de la feuille tombée, qui fait du bien au corps et le retrempe, se joint un repos absolu de la pensée, qui calme nos cerveaux surmenés et irrités.

Et puis, on change de milieu. C'est, je vous l'assure, un plaisir de haut prix de vivre quelques heures avec des hommes simples et qui ont d'autres préoccupations que les nôtres; avec le paysan, à qui il est indifférent qu'il y ait des Juifs en France, mais qui voudrait bien qu'il n'y ait pas de vers blancs, pullulant cette année, car il n'a pas gelé assez fort; avec le garde, qui ne veut la tête ni d'un général, ni d'un juge, mais celle du renard qui lui a emporté son piège... Avec eux naissent en nous les bonnes curiosités d'une foule de petites choses qui ne nous occupent pas d'ordinaire. On s'intéresse à l'exploit du chien, bon serviteur, qui est allé prendre un chevreuil blessé à une lieue de l'enceinte. Le village a ses petites histoires, sur qui l'on donne son avis. Je crois bien que, cet an, j'ai décidé Jean à épouser Titine, compromise depuis les foins, mais brave et belle fille, quoiqu'elle n'ait qu'un petit bien. Et, puis, ces gens que l'amour de l'argent gâte un peu, comme il gâte tout en notre temps ont gardé du respect. Aussi, tout de même, sont-ils un peu troublés et inquiets des rumeurs qui viennent de la ville et commencent à pénétrer partout. Ils comprennent mal la lutte impie qu'on semble vouloir établir entre le magistrat et le soldat. Ils comprennent mal et s'irritent. Il faudrait, vraiment, avoir pitié de ces cœurs simples. Et, déjà, j'ai rencontré le vieux paysan appuyé sur sa houe et demandant les nouvelles à ceux de Paris, et j'ai deviné, à son hochement de tête, que cet homme simple pensait, comme Hamlet, au tumulte qui lui venait du château d'Elseneur, qu'il y a quelque chose de pourri dans le royaume...

ANARCHISTES

Certes, elle est loin d'être apaisée, l'émotion qui s'est emparée de tous, à la nouvelle de l'abominable et imbécile attentat de Genève où l'Impératrice d'Autriche a péri. Mais, ainsi qu'il arrive quand tout le monde est d'accord sur une chose, on ne trouve rien à dire. Qu'ajouter à cette évocation qu'on a faite du tragique palais où le vieil empereur vit entouré de spectres shakespeariens, spectres de princes et de princesses détrônés, fous suicidés, assassinés ?... Quelle expression nouvelle chercher pour notre surprise indignée devant la féroce bêtise du crime qui frappe une femme, à qui, toute sa vie, on ne reprocha rien tant que de détester et de fuir la politique dont elle tombe victime ?

Mais ce mot de « politique » est-il de mise en la circonstance ? Je ne le crois pas. Les anarchistes, qui florissent en Italie surtout, si on peut ainsi parler d'une plante vénéneuse greffée sur la tradition du carbonarisme disparu, ne représentent pas plus une doctrine qu'ils ne constituent un parti. C'est par une simple confusion de mots qu'on voudrait établir un lien entre eux et l'anarchie proudhonienne. Celle-ci n'est guère que la théorie de la division des pouvoirs poussée à l'extrême et à l'absolu et une sorte d'individualisation des diverses fonctions de l'État, qui demeurent toutes dans le système du philosophe et qui, peut-être, s'exerceraient d'une façon d'autant plus lourde pour le citoyen qu'il n'existerait entre elles ni pondération ni contrôle. Conception qui est bel et bien une conception gouvernementale très précisée. Proudhon était d'ailleurs bien plus homme d'ordre et d'autorité qu'on ne l'a pensé, à le juger sur ses boutades et son goût irritant et dangereux du paradoxe de mots. Quand j'allai le voir en son exil, à Ixelles, il me parla du péril que présentent les entraînements populaires avec une éloquence digne de M. Guizot et des plus assurés conservateurs. Il est vrai que, quelques jours auparavant, la populace de Bruxelles était venue casser les vitres à ses fenêtres et qu'il en avait éprouvé une grande terreur.

Les anarchistes d'aujourd'hui ne peuvent se réclamer ni de Proudhon, ni de personne. Ils s'en vantent, d'ailleurs, et font mentir Brid'oison, qui assurait qu'on était toujours le fils de quelqu'un : ce qui est aussi vrai dans le monde des idées que dans celui des créatures. Entre la plupart des groupes anarchistes qui existent actuellement et les nihilistes russes, qui semblent heureusement avoir désarmé, on relève même de telles différences qu'on ne peut affirmer que ceux-là procèdent de ceux-ci. Le nihilisme russe paraît bien avoir eu une doctrine mystique et vague, faisant sortir le bonheur de l'humanité future de la sélection opérée par la bataille pour l'existence, livrée au profit de l'individu le plus fort, sans aucune considération pour la morale généralement acceptée. C'est cette doctrine que Dostoïevsky a exposée dans le plus émouvant de ses romans et que l'étudiant en médecine Lebiez a mise en pratique, chez nous, par l'assassinat et le vol qui le conduisirent à l'échafaud. Mais les nihilistes russes, dans ce qu'on peut appeler leur action publique, avaient un but déterminé, parfaitement simple et clair. Ils pensaient, en frappant tout ce qui représentait l'organisation de l'autocratie, du chef de police au tsar, arracher par la terreur des concessions politiques refusées même à des libéraux modérés, tels que Tourguenief. Les anarchistes des pays latins, vivant en république ou sous le régime de la monarchie libérale, ne sauraient avoir ces visées, fort légitimes et dont le tort des nihilistes fut de poursuivre le succès par d'abominables moyens. Eux, ils « tapent dans le tas », ce que n'ont jamais fait les nihilistes. Ils commettent le crime inutile, le crime bête. Ceci, parce que ce sont des hommes rassemblés non par une doctrine ou un but communs, mais par un semblable état d'esprit où se justifie la loi terrible et menaçante de la folie par imitation. Car le goût du meurtre évidemment inutile, goût si puissant qu'on y risque sa tête avec une façon de courage que la férocité et le cabotinage qui s'y mêlent empêchent seuls d'admirer, est un cas pathologique. C'est la folie du meurtre et de l'échafaud, comparable en quelque sorte à cette folie de la croix, que connurent certains groupes de chrétiens, — à ceci près qu'ils cherchaient le martyre, mais gardaient leurs mains pures de sang, — et qui ne prit fin que par l'autorité des premiers pontifes. Et, de même que ces chrétiens affolés prenaient les noms des martyrs qui les avaient précédés et se plaçaient sous leur invocation, l'assassin de l'impératrice avait choisi le sobriquet de Ravachol. Or, quel fut le premier exploit de Ravachol? L'assassinat d'un ermite, d'un de ces frères Barnabé que nous a si bien racontés Ferdinand Fabre, pauvre diable vivant dans une hutte, d'aumônes ou peut-être de maraude, hors de l'ordre social, dont il ne pouvait guère passer pour être le représentant heureux ni l'agent tyrannique…

Il était donné à la fin de notre siècle, si fécond en tragédies, de voir apparaître parmi nous ces pâles meurtriers, responsables et inconscients, en qui Lombroso, pour expliquer l'âme de certains de ses concitoyens, voit les dégénérés de l'héroïsme. Pour arrêter la contagion de cette folie, il faut répéter, répéter à satiété que c'est bien là une folie, inutile, nuisible à tout progrès social. Gardons-nous bien, entraînés par les souvenirs de l'éducation classique, de confondre l'attentat anarchiste avec l'assassinat politique. Celui-ci, si coupable qu'il soit, répudié (on sait avec quelle énergie) par des révolutionnaires comme Barbès, peut trouver son excuse dans l'espoir, presque toujours illusoire d'ailleurs, que celui qui commet le crime peut avoir en son efficacité. Dans l'antiquité surtout, où la tyrannie était presque toujours une usurpation personnelle, on croyait l'abattre en frappant le tyran. Charlotte Corday s'imaginait qu'en donnant sa vie pour celle de Marat elle arrêterait la Terreur. Une pensée de même ordre avait envahi l'esprit du comte Orsini, et, qui sait? s'il n'avait fait tant de victimes en essayant de frapper un seul homme, il eût pu voir, pardonné par Napoléon, son rêve patriotique accompli. J'étais à Paris, étudiant, quand on apprit l'attentat, sans en savoir encore le résultat. Nous étions en fête chez l'un de nos camarades, et, jeunes gens encore persuadés que Brutus a toujours raison contre César, nous courûmes au dehors, cherchant déjà où se dressaient les barricades où nous allions combattre pour la liberté... Juvéniles erreurs que l'âge mûr condamne sans les regretter... Mais nul sentiment de ce genre ne peut entrer dans un esprit honnête devant l'horreur et la vanité du crime anarchiste. Plus qu'il n'émeut la pitié, plus qu'il n'indigne la conscience, il étonne et révolte la raison.

Et cependant l'oubli viendra. Il le faut. C'est la loi, et rien n'arrête longtemps la vie de Paris, qui retourne à ses habitudes. Qui sait si dans une époque troublée par les forfaits, déchirée par les haines, traversée par tant de tristesses, la légèreté d'humeur qu'on nous reproche n'est pas un don heureux de la Providence, sans lequel la vie serait trop dure pour nous? Loin de trop réagir contre cette légèreté, il est des heures où il me paraît bon de la bénir et de l'encourager en s'y prêtant. La vie est comme le collège, où il faut des heures de récréation : et les meilleurs écoliers ne sont pas les moins ardents aux jeux et à l'oubli du travail. Cette faculté de s'abstraire des plus terribles événements est, parfois, poussée à l'extrême chez les Parisiens. Je me souviendrai toujours qu'en pleine bataille de la Commune, étant sur les quais, près de l'Hôtel de Ville, où les obus lancés par les batteries du Père-Lachaise pleuvaient, — Ferry, qui avait un grand courage de soldat, m'avait entraîné là, aux avant-postes,

— en regardant machinalement un projectile qui tombait dans la Seine, j'aperçus, à vingt mètres de l'endroit où l'eau avait jailli en gerbe, un pêcheur qui tirait gravement un poisson, pris à sa ligne. Pour conquérir une friture, d'ailleurs illicite, car la pêche n'était pas ouverte, cet homme risquait sa vie! C'est pousser loin les choses. Mais, sans aller jusque-là, nous avons eu l'ouverture de la chasse et nous allons avoir la réouverture des théâtres qui, pour les passionnés du sport et du spectacle, apportent un repos à nos préoccupations. Quand on vient de manquer un perdreau « à belle » — ça arrive! — on ne pense pas à l'*affaire :* et les traîtres de mélodrame sont bien capables et peut-être seuls capables de nous faire oublier M. Esterhazy, le drame où il joua un si singulier personnage, et cet énorme roman-feuilleton qui tient la France en suspens avec « sa suite à demain », chaque jour renouvelée.

LE ROI DES POÈTES

Ce que sera la saison théâtrale, on l'ignore. Nous connaissons les programmes, très chargés, très brillants. A toutes ces pièces qu'on nous annonce, quel accueil fera le public? Ceci reste incertain. Le goût du théâtre est aussi vif que jamais chez les Parisiens. Mais ce goût subit une crise. Les formules anciennes sont démolies sans être remplacées. Là encore, mais la chose est sans péril, les esprits sont divisés et troublés. L'irrespect est devenu grand devant les talents pourtant consacrés. Ce qui n'a pas empêché la Comédie-Française d'avoir ouvert ses portes — côté « musée » — pour le *Louis XI* de Casimir Delavigne.

Méprisé et surtout ignoré de la génération

d'aujourd'hui, Delavigne fut un des poètes favoris de ma première jeunesse. Mon père, bourgeois très libéral, avait, dans sa bibliothèque, trésor cher à ma curiosité, une belle édition des *Messéniennes*. Je relisais sans cesse ces chants généreux. D'autant plus qu'une gravure représentait, tombée devant une des barricades des « Trois Glorieuses », une femme laissant voir sa gorge saignante. « O liberté, c'est une femme! » disait le poète, et la femme apparaissait ainsi à ma jeune imagination émue sous la forme la plus haute et la plus exquise : celle de l'héroïne. Aussi et peut-être à cause de ces impressions premières et si douces, je m'inscris en faux contre le mépris qu'on affiche contre tant de poètes d'autrefois, qui furent autres que ceux d'aujourd'hui et moins bons ouvriers, j'en conviens, mais qui surent émouvoir les jeunes cœurs et les faire battre plus vite, ce qui est toute la poésie. Et ce culte des premières impressions poétiques resta si vif chez moi que je ne vis pas sans colère, pérorant dans un café littéraire où l'on m'avait conduit, cet étrange Louis Desnoyers, qui, sur le piédestal de la statue de Delavigne, au Havre, avait accroché ce *pasquin* souvent cité :

>Habitants du Havre, Havrais,
>J'arrive de Paris exprès
>Pour démolir la statue
>De Delavigne (Casimir).
>Il est des morts qu'il faut qu'on tue.

Hé ! non... Ne tuons pas les morts qui eurent leur heure de gloire, car cette gloire ne fut jamais sans quelque raison d'être et, dans le passé, elle dut peut-être moins qu'aujourd'hui au goût du paradoxe littéraire qu'on pousse jusqu'à la folie. J'imagine que quelques-uns de nos grands hommes d'à présent pourraient envier, dans un demi-siècle, ce qu'il reste encore du grand renom de Delavigne. Ces jours-ci, par exemple, est mort le roi des poètes. Le roi des poètes, élu, d'ailleurs, par un plébiscite particulière-

ment intime, était M. Stéphane Mallarmé.
Croyez-vous que l'avenir, je ne dirai pas
consacre, mais connaisse cette éphémère
royauté? Le roi des poètes était un excellent
homme, de son métier professeur d'anglais,
menant une vie de bon bourgeois, tout à fait
digne et estimable et dont on ne sait nul trait
qui ne soit à son honneur. Mais le péda-
gogue se doublait d'un lettré et d'un poète
excentriques jusqu'à la folie. C'est à ce point
que bien des gens se demandèrent et se de-
mandent encore si Stéphane Mallarmé ne fut
pas un « fumiste », comme on dit, et si
nombre de ses productions ne furent pas
une ironie parodique, comme fut le *Parnas-
siculet*, exquise plaisanterie de Daudet. Mais
non. On ne continue pas une farce toute sa
vie. L'obscurité de Mallarmé, les tortures
qu'il infligeait aux mots étaient même moins
une manière factice et voulue qu'une satisfaction naturelle de son instinct. Comme
Odilon Renol dans le dessin, il fut hanté,
dominé, perdu (littérairement s'entend) par

cette fausse pensée et cette ambition illusoire de vouloir traduire par la langue des sensations de rêve, assurément incohérentes. Le sobre savant en arrive à écrire comme parlerait un ivrogne. Je tire de ma bibliothèque, où depuis trente ans j'entasse volontiers les curiosités littéraires, le premier numéro d'une revue publiée par Jouaust, en 1874. Cette revue, qui s'appelle *Revue du monde nouveau*, alla-t-elle plus loin que ce premier numéro? Je n'en sais rien. Quoi qu'il en soit, je l'exhume du vaste et peuplé cimetière des revues mortes. Les plus beaux noms apparaissent sur cet exemplaire rare : Banville, Dierx, Leconte de l'Isle, Sully-Prudhomme, Cladel, Zola, Villiers de l'Isle-Adam et celui du directeur, cet étrange Charles Cros, sorte de Léonard de Vinci montmartrois. Stéphane Mallarmé y a donné un morceau précieux. Ceci s'appelle le *Démon de l'analogie*. J'en cite des extraits les plus caractéristiques. « Je sortis de mon appartement, dit Mallarmé, avec la sensation propre d'une aile glissant sur les cordes d'un instrument, traînante et légère, que remplaça une voix prononçant ces mots sur un ton descendant : « La pénultième est morte », de façon que la *pénultième* finit le vers et *est morte* se détacha de la suspension fatidique plus inutilement en le vide de signification. Je fis des pas dans la rue et reconnus en le son *nul* la corde tendue de l'instrument de musique, qui était oublié et que le glorieux souvenir, certainement, venait de visiter de son aile ou d'une palme ; et, le doigt sur l'artifice du mystère, je souris et invoquai de vœux intellectuels une spéculation différente. La phrase revint, virtuelle, dégagée d'une vision antérieure de plume ou de rameau, dorénavant à travers la voix entendue, jusqu'à ce qu'enfin elle s'articula seule, vivant de sa personnalité. J'allais (ne me contentant plus d'une perception) la lisant en fin de vers, et, une fois comme un essai, l'adaptant à mon parler ; bientôt la prononçant avec un silence après « pénultième », dans lequel je trouvais une pénible jouissance : « la pénultième », puis la corde de l'instrument si tendue en l'oubli sur le son *nul* cassait, sans doute, et j'ajoutais, en manière d'oraison : « Est morte. » Ainsi continue le poème en prose sur la mort de la Pénultième, pendant quelques pages, parfaitement semblables à son début. Je ne continue pas cette citation irritante qui tourne à une impression de tristesse. Car le problème littéraire et l'effort impuissant de compréhension vont tout droit à cette fâcheuse idée, que le médecin pourrait bien avoir à prendre la place du critique vaincu. Remarquez le titre de cet assemblage de mots : *le Démon de l'analogie*. C'est un démon, en effet, orgueilleux, d'ailleurs, comme tous les démons, séducteur et illusoire, que ce démon du mot et du son, de la figure même des voyelles et des consonnes rassemblées (vous savez qu'un sonnet célèbre donne aux voyelles des tons de couleurs), qui s'est introduit dans les cervelles de prétendus inspirés en proie à un mal particulier :

le délire du grammairien. A bien réfléchir, la page de Mallarmé que j'ai citée est un exemple très probant et très caractéristique de cette altération de la mentalité, dont se ressent, grâce au snobisme des imitateurs, notre belle langue française. Il est temps de réagir contre cette singulière maladie. Déjà, on me dit que, si un Roi des poètes est nommé en successeur du bon et obscur Mallarmé, ce sera un poète intelligible. On aura raison. La couronne d'Apollon, c'est le soleil, le soleil qui répand la clarté et la chaleur.

POLITIQUE ET SCIENCE

Il y a chez nous, ai-je entendu dire plaisamment ces jours-ci, un labeur qui ne chôme jamais, et une occupation qui défie et ignore la grève. Ce sont les inaugurations de statues. Ces derniers temps encore en ont vu trois ou quatre et je ne m'y arrêterais pas, rien ne pouvant être dit là-dessus qui ne l'ait été déjà, sans cette particularité amusante qu'à l'une de ces cérémonies assistait un ministre qui a expressément voulu qu'on oubliât sa qualité et sa grandeur officielles. La chose a eu lieu à Vimy, près d'Arras, et il s'agissait du savant linguiste Abel Bergaigne, mort malheureusement dans un accident de montagne. Bergaigne était un émule de Burnouf. Il enseignait le sanscrit, possédait le pràcrit et, à la rigueur, eût compris cette langue perdue, le phalou, retrouvée par un bon jeune homme qui voulait se faire payer un voyage aux Indes par la Bibliothèque, et dont Méry nous a dit l'amusante histoire dans son joli roman d'*Héva*. Or, ce très estimé savant avait eu parmi ses disciples, piochant consciencieusement le sanscrit et se nourrissant du *rig-véda*, un homme devenu ministre aujourd'hui, ministre récidiviste même : c'est M. Bourgeois. Avec une modestie rare, M. Bourgeois a voulu qu'on ne vît dans sa présence à la cérémonie de Vimy que le pieux hommage d'un élève à son vieux maître. Modestie charmante et habile, car M. Bourgeois est un homme double qui n'est jamais si intéressant que lorsqu'il oublie qu'une de ses deux moitiés appartient à un politicien et qu'il le fait oublier par la bonne grâce et l'élévation de son discours. Quand je parle de la duplicité de M. Bourgeois, j'entends expressément qu'on prenne le mot en son sens primitif et simple. La politique, les basses œuvres de la politique surtout, rivalités d'ambitions, questions de personnes, intrigues parlementaires m'intéressent si peu qu'à les ignorer je ne mets même pas de coquetterie ! Ce qui me frappe en M. Bourgeois, c'est qu'il y a en lui, vraiment, deux personnages parallèles, deux ménechmes, qui se ressemblent comme frères et qui sont pourtant des frères ennemis. De temps en temps, il manifeste comme chef de parti, faisant l'apologie de quelque vulgarité radicale, prenant vraiment un air navré que M. Goblet, qui voulut tout être et fut peu de chose, ne soit plus rien du tout. Puis vienne une occasion, telle, par exemple, que les funérailles de Renan, et M. Bourgeois se montre à nous comme un homme de haute valeur, je dirais de haute valeur intellectuelle si quelques-uns de ses amis n'avaient proscrit ce mot... Il est certain qu'à ces heures précieuses de sa vie M. Bourgeois est un autre homme que le leader radical et que sa façon de penser sur les choses doit le rendre suspect à ses amis étonnés. Loin d'avoir envie de l'embrasser pour l'amour du sanscrit, ils auraient plutôt envie de l'étrangler. Car c'est un des malheurs et une des bassesses de la vie politique que les hommes possédant une éducation générale sont tenus pour incapables d'être des hommes de parti. Les idées générales, en effet, — et c'est là le grand résultat de l'éducation classique et la raison qui me la fait défendre, — donnent aux esprits la faculté de mettre chaque chose à son plan, de l'apprécier philosophiquement à sa valeur, tandis que l'essentiel de l'esprit de parti, c'est de donner une valeur absolue à des contingences parfois misérables. Aussi voyons-nous les hommes de grande culture se détacher de plus en plus de la politique. C'est un malheur, je n'en disconviens pas. Il est peut-être assez particulier à notre pays. En Angleterre, par exemple, il en va très différemment. L'application du régime parlementaire, le fonctionnement électoral sont tels que les hommes d'État anglais sont presque toujours des lettrés de premier ordre, historiens, philosophes, romanciers, critiques et même poètes. Si M. Bourgeois sait le sanscrit, Gladstone lisait Pindare en grec. Je regrette fort l'état de choses qui est le nôtre et que, peut-être, la cérémonie de l'autre jour, en révélant que le ministre de l'Instruction publique savait le sanscrit, ait pu lui porter un certain préjudice. L'esprit envieux de l'égalitarisme démocratique ne s'arrête pas, hélas! aux dons de la fortune et aux hasards heureux ou jalousés de la naissance. Il s'en prend aussi bien souvent et volontiers à la haute instruction et à l'aristocratie de l'intelligence qui naît d'elle.

Et, malgré tout, il faut le reconnaître (ce qui explique M. Bourgeois et quelques hommes semblables à lui), la politique est une tentatrice qui va s'offrir, en les troublant, fût-ce pour une heure, aux hommes que leurs idées rendent sévères ou indifférents pour ses besognes, incapables, en tout cas, de les accomplir avec joie et sans les juger inférieures à leur mérite. Renan lui-même, converti sans doute (j'ai presque envie de dire : corrompu) par son grand ami, M. Berthelot, n'eut-il pas lui-même la velléité de devenir le collègue de M... qui vous voudrez? Il se présenta aux élections. Inutile de dire qu'il fut blackboulé. Je n'ai guère connu que Labiche — qui voulut aussi être député — pour raconter plus drôlement ses aventures électorales! Il y avait telle anecdote que je lui ai entendu raconter d'une façon impayable. Renan s'était présenté je ne sais où, dans une circonscription de paysans, de terriens fort simples et que les questions coloniales ne troublaient guère. Dans les réunions où il se présentait, on lui parlait de l'impôt, du cadastre, des mairies et des instituteurs. Cependant, voici que, de réunions en réunions, on se mit à l'interpeller sur Madagascar, en lui posant toutes sortes de questions saugrenues. Renan répondait de son mieux. Un candidat est tenu de tout savoir et, pour lui, d'ailleurs, il était plus facile qu'à tout autre de parler *de omni re scibili* — et même de quelques autres, qui le passionnaient surtout. Cependant cette curiosité persistante chez des habitants de hameaux perdus finit par l'intriguer. On lui apprit alors que l'interpellateur qui le harcelait ainsi était un épicier qui voulait envoyer son fils faire du négoce à Madagascar et qui demandait au candidat « qui sait tout » les renseignements pratiques et utiles qu'on n'aime pas à donner, dans nos ministères, à ces gêneurs que sont les colons. « Après tout, ajoutait philosophiquement Renan, j'ai été plus utile comme candidat que je ne l'eusse été peut-être comme député. » Pour moi, si j'étais l'électeur de M. Bourgeois, je l'interpellerais de la sorte sur l'hymne à Agni et sur l'expédition de Rama au pays des singes, et je gage qu'en me répondant il me serait plus agréable et plus profitable qu'en dissertant sur le programme radical.

GRÉVISTES

Bien que l'on espère la voir terminée bientôt, la grève des maçons persiste encore, sans aggravation dans sa violence, mais chaque jour plus inquiétante et plus nuisible par sa durée même. On se demande comment les grévistes peuvent « tenir le coup », comme disent leurs abrupts orateurs, et comment, ne pouvant pas vivre de leur travail, disaient-ils, ils arrivent à vivre sans travailler. L'explication de ce phénomène singulier peut se trouver, en partie au moins, dans l'ingéniosité individuelle des grévistes. Beaucoup d'entre eux pratiquent la grève intermittente. Tous les trois ou quatre jours, ils font une journée, qu'on leur paye un peu plus cher que de coutume. De la sorte, les patrons ne peuvent pas tenir leurs engagements, ce qui est l'essentiel pour les grévistes et, cependant, le travail ne chôme pas pour ceux-ci d'une façon trop absolue. D'autres ouvriers, sachant que les clients de leurs maisons peuvent avoir besoin de faire exécuter dans leurs appartements quelques travaux de réparations urgentes, s'offrent à eux et les font à leur compte. A l'heure présente, j'ai un gréviste très exalté, qui travaille pour moi. Je crois que jamais il n'a été si laborieux et ardent à la besogne. Tout ceci est, certes, fort ingénieux. Mais cette ingéniosité m'attriste. Le malheur des grèves est moins encore dans les difficultés économiques qui viennent d'elles que dans le manque de franchise et de loyauté du débat. La grève devient une façon de « chantage »; elle laisse derrière elle des ferments de mésestime et de haine. C'est une triste chose. La cause des travailleurs, qui nous est chère, ne gagne rien à la façon dont on entend la servir.

La grève, dans notre pays volontiers emporté aux exagérations, a commencé par faire naître une véritable terreur dans certains esprits timorés. Je connais une brave dame d'honnête bourgeoisie qui, devant rentrer à Paris à la fin de sa villégiature coutumière, est restée à la campagne, terrifiée par la lecture des gazettes! Et puis, l'accoutumance nous rendant tout familier, même le péril, ainsi que l'observe Montaigne, on s'est fait à la grève et on a fini par y trouver un objet de distraction. Les Parisiens sont ainsi faits. Tout leur est spectacle. Dimanche, le temps étant beau, les chantiers sont devenus un but de promenade. On est allé voir les militaires, campés en tenue de campagne, les jolis cavaliers bleus, les cuirassiers superbes. Les journaux à images ne nous ont pas menti en leurs dessins pittoresques, nous montrant Paris avec un aspect d'état de siège sans violence, semblable à une petite guerre. Et, tout autour des campements, des chantiers gardés, l'ingéniosité des petits industriels, — que je préfère à l'ingéniosité des grévistes, — a profité de l'occasion pour se donner un libre cours. Ils ont improvisé des cantines, où, à la diane, on débite le « petit noir », des étalages d'objets faits pour tenter les soldats, des jeux où ils occupent leurs loisirs. Le contact de la foule et des soldats reste amical. Paris est anormal, non menaçant. Et la grève, qui, hélas! sera féconde en misères, fait tout de même, par ci, par là, des heureux. Système des compensations.

Les Parisiens, d'ailleurs, excellent à tirer parti des circonstances, même les plus tragiques, pour leur distraction ou pour leur profit. J'ai présente à la mémoire, comme si elle datait d'hier, la journée du 4 Septembre. Ce fut, pour moi, le plus haut et le plus instructif exemple de l'illusion qui peut, à la fois, embellir et tromper l'âme française. Quand, après l'envahissement de la Chambre des députés, tandis que nous marchions à l'Hôtel de Ville — où Delescluze protestait déjà au nom du peuple trahi! — nous vîmes le chef d'un escadron de cuirassiers, massés au coin de la rue de Bourgogne, saluer de l'épée la foule qui chantait la *Marseillaise* et acclamait la République. A cette acceptation de la révolution par l'armée, nous crûmes que tous nos malheurs étaient conjurés. Combien plus philosophe me paraît aujourd'hui, combien plus pratique, en tout cas, dans la bassesse de son égoïsme, l'industriel que je rencontrai le soir de l'inoubliable journée! Cet homme habile à « profiter », ayant frété un grand fiacre à galerie, parcourait les quartiers élégants, persuadant aux magasiniers que les écussons placés sur leurs portes, les désignant comme fournisseurs de la cour impériale ou de quelque cour étrangère, allaient attirer sur leurs boutiques la colère du peuple. Muni d'instruments, notre homme dévissait les plaques de cuivre et de bronze et les emportait dans sa voiture. Je l'interrogeai. Il me répondit qu'il ne donnerait pas sa journée pour cinq cents francs. Et voilà comment un « débrouillard » se tire d'une catastrophe nationale...

EXPLORATEURS

Le commandant Marchand, le capitaine Baratier rentrent en France. Fachoda va être abandonné, et les Anglais mangeront les légumes que les Français ont fait pousser. Satisfaits, ils témoignent de leur satisfaction par des grognements : c'est la mode dans leur pays. L'accueil que nous ferons à nos aventureux et héroïques compatriotes et qui ne saurait être trop chaleureux, sera sans doute attristé par la pensée qu'ils n'ont pas recueilli, pour la France et pour eux, le fruit direct de leurs travaux et que le *Sic vos non vobis* de Virgile s'applique à autre chose qu'à des petits vers. Mais qui sait? la moisson peut lever quelque jour. Et l'effort, en soi, a son prix. L'Amérique a beau ne pas s'appeler la

Colombie, on sait que Colomb, le premier, y poussa ses caravelles. L'Afrique traversée par nos hardis explorateurs, y faisant des routes nouvelles, c'est un fait acquis, à porter à l'actif de notre pays et de notre race et qui se retrouvera le jour où, d'une façon ou d'une autre, on établira le bilan et on fera compte avec les autres nations.

Mon admiration est profonde pour ces découvreurs de terres nouvelles, surtout à cause d'un mérite qu'il leur faut avoir et qui me paraît le plus difficile de tous : la patience. Certes, affronter vaillamment un péril, lutter contre un obstacle de la nature, livrer un combat sans merci, c'est quelque chose, mais qui me paraît moins malaisé aux hommes de notre race que l'endurance en face des privations journalières et prolongées et l'ennui des longues attentes.

Ces attentes sont le fléau des explorations africaines. Tantôt c'est le ravitaillement qui n'arrive pas, tantôt c'est un caprice du ciel dont on attend soit de rendre un cours d'eau navigable, soit de le laisser guéable. Parfois, les décourageantes et énervantes pertes de temps sont le fait de la politique de quelque roitelet qui, ouvrant le passage à l'explorateur, se réserve de décider à quelle heure il reprendra sa route. C'est ainsi que le Dr Barth, qui fut un des plus grands explorateurs africains de l'école pacifique de Livingstone, qui gagna Tombouctou par la Tripolitaine, puis le Niger, et qui découvrit le Bénoué, resta quatre mois dans une case, gardé par un chef nègre qui ne voulait le laisser partir qu'à une « lune » favorable, qui n'arrivait jamais ! C'est vraiment pour les explorateurs qu'on peut dire justement que le génie est surtout fait de patience.

Le héros moderne, c'est bien l'explorateur qui allie en lui le savant et le soldat, parfois y joignant la foi de l'apôtre. Je ne puis m'empêcher de comparer ces héros modernes avec ceux de l'antiquité qui, pour une tâche plus facile, reçurent bien d'autres récompenses. La vive imagination hellénique faisait des dieux, des demi-dieux pour le moins, avec les découvreurs de terres. Pour s'être promené de la mer Noire au détroit de Gibraltar, détruisant, par-ci, par-là, quelque survivant de la faune primitive ou battant quelque chef de tribu, Hercule passa de son bûcher dans le rayonnant Olympe. Ces jours-ci, une belle tragédie jouée à la Renaissance nous remettait en mémoire l'aventure de Jason. Certes, ce héros eut quelques ennuis domestiques qui ne furent pas ordinaires, ayant épousé une sorcière pour de vrai. Mais si, en son expédition d'Asie, il courut quelques périls, s'il y eut des coups de collier à donner, comme dirait un brave officier d'Afrique, à qui il fait songer, quelle jolie promenade fit avec ses compagnons et ses nefs noires et rapides ce pirate de belle humeur! Porté sur la mer bleue à travers les archipels, il aborde où le pousse le hasard de l'aventure. Dans une de ces îles, où il s'arrête, il n'y a plus que des femmes; tous les hommes sont partis. Jason, estimant que s'opposer à la dépopulation est une œuvre pie et digne d'un héros, y reste un an avec ses camarades et ne quitte l'île qu'en ayant largement assuré l'avenir de la race. Ailleurs, quand il est le plus fort, il pille. Lorsqu'il arrive, comme en Colchique, dans un pays organisé, il ruse : le pirate se fait diplomate. Il séduit la fille du roi, se crée un parti, pille encore et coupe ses beaux-parents en quatre morceaux ! Quelle charmante vie ils eurent, ces héros de la Hellade primitive... Nous les voyons trop à travers la pompe mythologique et la solennité des cours, où, d'abord, on parla d'eux et on redit leur histoire. Dans les tapisseries ou les fresques de Lebrun, ils nous apparaissent comme des monarques corrects, en qui Louis XIV, qui s'habilla à leur mode présumée, eût pu reconnaître et saluer des cousins. En réalité, vêtus de peaux de bêtes, maniant des armes étranges et primitives, Hercule une massue de canaque, Persée un croc de Malais, un oripeau leur servait de couronne, et leur sceptre était un bâton que faisait lourd la vigueur de leur bras. Ce furent d'heureux brigands, de beaux sauvages, d'admirables chefs de bandes et de clans. Seulement, ils eurent cette fortune que la poésie de leur race sut les faire à jamais glorieux et divins et apprit leur nom au monde qui les redit encore. Ce fut là le génie de la Grèce. La légende de Midas est vraie pour elle. De tout ce qu'elle a touché, elle a fait un or pur et indestructible.

Plus âpre et moins bien récompensée est l'œuvre de l'explorateur moderne et du héros contemporain. Il parcourt des pays où la terre n'a pas que des sourires pour l'homme. Le Phébus-Apollon des Cyclades et de l'Asie Mineure devient le Moloch dévorateur de l'Afrique. Et le marais de Lerne, même avec son hydre, ne vaut pas en horreur les marais où navigua le commandant Marchand. Mais, accomplissant une tâche plus difficile, l'aventurier de nos jours a, cordial puissant pour son courage, un idéal plus haut. Car, dussé-je passer pour un misérable idéologue, j'imagine que le grand explorateur a besoin d'avoir conscience qu'il travaille et peine pour sa race, sa patrie et pour l'avenir de la civilisation. Il se peut cependant que l'orgueil de la difficulté vaincue et le goût d'une façon de sport extraordinaire aient suffi à soutenir l'effort de certains voyageurs? Tel fut, peut-être, Stanley, qui, d'une imprudence dont le résultat pèse encore sur les Européens, ravagea les pays par où il passa sans esprit de retour. Mais je crois que, le plus souvent, l'explorateur a une plus longue ambition et une pensée d'avenir plus féconde et plus haute. Et son œuvre sera d'autant plus utile qu'il aura conscience, comme le dit M. Paul Meurice dans son *Struensée*, d'être le semeur solitaire, mais confiant, après qui viendront les moissonneurs joyeux !

FÉMINISME ET THÉATRE

En écoutant ce beau drame de *Struensée*, qui n'est pas à l'abri de la critique, certes, mais où passe un souffle rare de poésie et d'idéal, je songeais à l'étrange variété de l'existence des femmes que la destinée rapprocha du trône. Il est vrai que les hommes qui ont exercé le pouvoir et ceint la couronne, depuis les petits « tyrans » grecs jusqu'aux plus puissants empereurs, ont connu les plus hautes splendeurs de la vie humaine ou ses pires misères. Ces contrastes sont même un de ces sujets dont la banalité empêche qu'on en philosophe et qui sont tout au plus restés matière bonne à mettre en vers latins. Mais les hommes paraissent être réservés pour ces gloires et ces décadences, pour ces joies extrêmes et ces douleurs sans pareilles. Il semble que les femmes devraient y échapper et, cependant, sur le trône ou à côté, elles les ont connues toutes, surtout les douleurs. A l'aube des temps modernes, c'est une femme qui, avec Marie Stuart, enseigne aux souverains le chemin de l'échafaud. Par un hasard singulier, d'ailleurs, à mesure que le « féminisme » grandit, à mesure que les femmes se font plus instruites, qu'elles réclament des emplois virils, qu'elles ont conquis des droits qu'on ne leur conteste plus, le rôle qu'elles jouent dans les grandes affaires du monde devient de plus en plus effacé. Serait-ce un avertissement et en faudrait-il conclure que l'action des femmes sur le monde a été d'autant plus puissante qu'elles ont fait moins d'efforts pour rapprocher leur esprit de l'esprit des hommes? Quoi qu'il en soit, dans les pays où la loi salique n'éloigne pas les femmes du souverain pouvoir, nous les avons vues l'exercer avec une discrétion résignée. La reine d'Angleterre et impératrice des Indes est une bonne femme de ménage qui passe pour préférer hautement la cuisine de ses résidences peu ouvertes à la cuisine du Parlement et de la politique. La reine d'Espagne est une mère inquiète et douloureuse qui subit, au gré des Cortès, ses ministres, dont aucun n'est son favori. L'impératrice d'Autriche, tombée victime d'un crime qu'on n'ose même pas appeler un crime politique, avait un tel éloignement pour les affaires publiques qu'elle en était venue à supporter mal volontiers le séjour de la cour. En ce demi-siècle qui va finir, je ne vois guère que la reine Isabelle qui ait joué un rôle assez actif, et aussi cette vaillante reine de Naples qui, la plume à son chapeau d'amazone, mettait le feu aux inutiles canons de Gaëte. Ailleurs, effacées dans la bonne fortune, résignées dans la mauvaise, les princesses contemporaines n'ont guère eu d'histoire, à part celles que quelque tragique aventure a plongées dans le deuil ou précipitées dans le gouffre affreux de la folie.

Le XVIII° siècle, au contraire, où le féminisme n'était pas inventé, au moins en sa forme actuelle, fut le siècle des reines, reines des deux mains, de la gauche comme de la droite. Les Hongrois voulurent mourir pour « leur roi Marie-Thérèse ». La grande Catherine fut un homme en toutes choses, même en amour, et posa les premiers jalons de l'Alliance, avec Voltaire, Diderot et quelques aimables gentilshommes français qui rapportèrent à Versailles un souvenir de sa bonne grâce sous la forme de tabatières, car elle en distribuait volontiers, avec son portrait (comme Napoléon), mais son portrait en costume de déité mythologique. Et cette grande Catherine, créature extraordinaire, gouverna sans lassitude l'empire russe, qu'elle agrandit. Le roi de Prusse, il est vrai, subit peu l'influence des femmes, mais il la trouva partout devant lui et, quand il eut affaire avec la France, ce fut avec Mme de Pompadour. Ce fut vraiment l'époque où aventuriers et aventurières, avec un joli visage, de l'esprit, de l'audace, pouvaient, légers d'argent et de scrupules, tout espérer des caprices de la fortune et de l'amour. Il serait peut-être un peu hardi de prétendre que le mouvement d'égalitarisme et la victoire démocratique qui marquent notre époque et en sont le caractère essentiel commencèrent par ces aventures de « chevaliers » et ces fortunes des favorites. Néanmoins, dès le siècle dernier, il fallut s'habituer à ces surprises, si amusantes pour la chronique, si instructives pour l'observateur, que causent les brusques changements de fortunes et de conditions dans les sociétés dont la règle s'oublie et dont la hiérarchie s'efface.

Le phénomène est, encore aujourd'hui, très curieux à étudier dans les pays où persiste une aristocratie ayant conservé soit des droits politiques, soit des privilèges sociaux très respectés. Il y arrive ceci que, tandis qu'au siècle dernier les roturiers marchaient à la conquête de la noblesse, des gentilshommes fort authentiques embrassent aujourd'hui des carrières qui, non seulement étaient réservées aux seuls roturiers, mais qui ont été assez longtemps considérées comme fâcheuses par ces roturiers mêmes. Nous avons vu et applaudi récemment à Paris un gentilhomme espagnol, grand d'Espagne, dit-on, qui s'était fait acteur et tirait au public ce chapeau qu'il avait le droit de garder sur sa tête devant le roi. Voici que, d'ici à peu, les Américains pourront voir sur les scènes de leurs théâtres un grand seigneur anglais, le duc de Manchester, un membre de la Chambre haute, jouer la comédie. Le scandale paraît être formidable dans la société anglaise, qui n'a d'indulgence que pour les péchés cachés — ou à peu près. Le plaisant, c'est que le duc de Manchester, qui, en qualité de comédien, doit déjà ne pas redouter un peu de publicité, n'a pu se dérober à l'interview, dans son pays qui le vit naître et le mit à la mode ; et, dans cette conversation, le noble jeune premier a donné, de sa résolution, les raisons les plus propres à irriter la *gentry*. Ah! si comme le délicieux Sigognac de Théophile Gautier, changeant de nom, il était parti avec quelque troupe errante, amoureux d'une « étoile », l'aventure, excusée par un coup de passion, n'eût paru qu'excentrique : et l'on sait qu'en Angleterre ce qualificatif porte en lui-même son excuse. Mais pas du tout. Rien de romanesque dans la résolution du duc, qu'il étaye sur de solides raisons. Être lord du Royaume-Uni, c'est une charge, c'est un devoir, non un métier. A cet honneur, qui ne nourrit pas son homme, le duc ne prétend pas se dérober. Quand le pays aura besoin de ses lumières, il viendra siéger. Mais, dans l'ordinaire de la vie, pourquoi ne travaillerait-il pas, n'étant pas assez riche à son gré? Son revenu ne lui permettrait pas de tenir son rang dans l'armée. Faudra-t-il qu'il vende son nom aux financiers qui lancent quelque douteuse affaire et font de la présence d'un haut gentilhomme parmi eux un piège ou un appât pour les gogos? Ira-t-il, de château en château et de club en club, demi-parasite, demi-mendiant, promener sa misère parmi ceux de sa caste, qui le secourront en le méprisant? Se fera-t-il commerçant? Mais le métier d'acteur n'est-il pas une industrie comme une autre, et, à y bien regarder, le plus honnête de tous? Le marchand peut vendre de la marchandise avariée et, parfois, donner à la balance où il la pèse, un coup de pouce trop adroit. Marchand d'intonations, de larmes ou de rires, l'acteur ne peut tromper sur la marchandise vendue, et il n'a de clientèle que par un talent avéré. Telles furent les raisons qu'a données, non sans finesse et non sans amertume, le duc de Manchester, de sa résolution qui semble inébranlable. Il eût pu ajouter que, dans le monde, où tant de gens jouent la comédie, c'est encore prendre place parmi les plus honnêtes gens que de la jouer en prévenant qu'on la joue!

A ce propos, on s'est amusé à relever les noms des gentilshommes et des femmes titrées qui, en ces derniers temps, sont montés sur les planches. Je ne parle pas des comédiennes devenues titrées par un mariage : la liste en est trop longue. Il s'agit seulement des vocations dramatiques. Je dois reconnaître que celles-ci ne paraissent pas avoir été bien sincères chez les femmes de la noblesse qui ont voulu s'y livrer.

Dans les princesses devenant des princesses de la rampe, il y a eu presque toujours, jusqu'ici, des déséquilibrées, des révoltées, ayant déjà rompu, sous une forme plus fâcheuse, avec leur caste et leur milieu. Mais il en va autrement pour les hommes. Sans parler d'un nombre d'acteurs, toujours de plus en plus considérable, qui sortent de la meilleure bourgeoisie, plusieurs furent ou sont d'authentiques gentilshommes.

Je crois bien que cet excellent Chilly, qui fut un si bon « traître » à l'Ambigu, avait commencé par trahir les traditions de sa caste, étant un marquis pour de vrai, — si M. de Royer veut bien nous en laisser quelques-uns dont le blason ne soit pas de contrebande! Le plus célèbre des gentilshommes-comédiens fut ce délicieux Mario, duc de Candia, qui, à la gentilhommerie du nom, joignait des habitudes de grand seigneur dispendieux. Ruiné par ses goûts de prince alors qu'il était officier, il refit une fortune énorme comme ténor; mais ce fut pour la dissiper encore aux quatre vents de sa fantaisie. Je l'avais vu à Florence, dans la villa superbe qu'il avait acquise, aux portes de la ville, sur les bords du petit ruisseau le Mugnone. C'était là que, pendant la peste de Florence, s'était réfugiée la société de Boccace, oubliant le mal menaçant en écoutant les récits du conteur, qui n'étaient point faits pour engendrer la mélancolie. Telle est, du moins, la tradition qu'a renouvelée, en l'adoptant pour ses contes, la joyeuse reine de Navarre. Mario était alors en pleine jeunesse, en pleine floraison de beauté, enivré de succès de tout genre. Vingt ans plus tard, à Rome, ayant un renseignement à demander dans un musée, on m'envoie à un humble employé. Vieilli, cassé, mais de noble aspect encore avec sa longue barbe blanche, je ne reconnais mon hôte de Florence que lorsqu'il se nomme à moi. Le beau grand seigneur, le charmant artiste, était resté, toute sa vie, du côté des cigales. Mais, plus qu'homme au monde, il avait vécu. Et, plus que beaucoup d'autres artistes peut-être, il avait connu les joies de cette vie de comédien, dont un Alfred de Vigny, qui serait un boulevardier en même temps qu'un poète, pourrait dire les « grandeurs et servitudes ».

AU GÉNÉRAL TCHEN KI TONG

Où êtes-vous, mon cher mandarin et ami, en cette affreuse bagarre de Chine? Je n'en sais rien. Au lendemain d'un dîner aimable que nous fîmes ensemble, vous avez quitté Paris un peu brusquement. On raconta, mais je n'en sais rien, que vous aviez administré les finances de l'ambassade en fils de famille plus qu'en Fils du Ciel. Le bruit courut même que vous n'étiez rentré dans votre Chine aimée que pour vous y faire couper le cou, ce qui m'avait fort étonné d'un homme aussi avisé que vous l'êtes. Nous avons su, depuis, que vous vous en étiez tiré à meilleur compte. Mais, depuis, nous n'avons plus entendu parler de vous, qu'on appelait familièrement, malgré votre titre diplomatique, « le petit

Chinois de Montmartre ». Nous entendions par là que vous étiez devenu Parisien, Parisien et demi, comme on dit de nos Méridionaux quand ils ont bien gardé la saveur de leur Midi. Le fait est que vous écriviez et que vous parliez le français aussi bien que quiconque et que vous possédiez le secret de l'argot boulévardier. Ce n'est pas, en effet, pour avoir été un diplomate distingué ni pour avoir écrit, en français, deux ou trois livres excellents, que vous fûtes notoire et presque célèbre à Paris. Ce fut pour avoir riposté d'un : « Hé ! va donc, Collignon ! » à un cocher qui, pour s'excuser d'avoir failli vous écraser, vous appelait « magot de paravent ». C'est ainsi que notre peuple léger distribue la gloire !

J'imagine que ce qui se passe en Chine vous consterne sans vous surprendre trop. Non que vous ayez été acquis aux idées européennes, comme beaucoup le pensaient en soupant avec vous, au retour de quelque lieu de plaisir. Notre erreur commune est de croire que notre civilisation conquiert ceux que notre vie parisienne amuse. Il était facile de s'apercevoir, en étant un peu attentif, que vous étiez resté Chinois jusqu'au bout des ongles, aimant passionnément votre patrie, homme de cerveau et de race différents des nôtres. L'aventure est ordinaire. Qui fut plus Parisien que Khalil bey? Je crois qu'il est mort en Turc parfait et irréductible. Mais vous aviez mesuré la force de l'Europe et connu la faiblesse de la Chine officielle. Et vous devez, diplomate d'ailleurs correct, être désespéré de voir vos compatriotes, par une flagrante violation du droit des gens, massacrant, pillant, incendiant, insultant les drapeaux, créer, au moins pour l'instant, cette coalition des puissances européennes que votre adresse s'appliquait à tenir divisées et à faire rivales dans les affaires chinoises.

Pour le fond même des choses, un de nos confrères, évoquant votre souvenir comme je le fais — car, si nous ignorions le nom de l'empereur de Chine, nous connaissions tous le vôtre — disait que vous deviez être un « Boxeur modéré ». Ceci doit être vrai. Je ne crois pas, en effet, qu'il existe dans tout l'empire chinois un seul ami franc des étrangers. Peut-être n'y avons-nous pas assez songé? Quatre cents millions d'hommes de race jaune, ayant une civilisation qu'ils trouvent la meilleure du monde, parce qu'elle y est une des plus anciennes, ne peuvent admettre qu'une poignées de « diables », d'une autre race qu'eux, viennent les mettre en tutelle et parlent ouvertement de diviser l'empire en tranches soumises à des protectorats.

Ces quatre cents millions d'hommes, ignorants, éloignés, ne se connaissant guère, mal armés et mal gouvernés, chaque nation de l'Europe en a eu raison assez aisément. Qui sait si les Boxeurs ne vont pas créer, dans l'Extrême-Orient, l'idée de la patrie de la race jaune?

Qui sait si l'esprit assimilateur des Chinois ne réalisera pas ce miracle opéré par le Japon, devenu, en moins d'un demi-siècle, une grande puissance maritime et militaire?

L'affaire est grosse. Il y a deux ou trois siècles, l'Europe faillit s'ouvrir pacifiquement la Chine. Les missionnaires, les jésuites surtout, y avaient admirablement réussi. Les communautés chrétiennes y étaient plus nombreuses qu'aujourd'hui. La morale de l'Évangile se confondait aisément avec celle de Confucius et la liturgie catholique a, avec le culte bouddhique, des similitudes surprenantes. Mais les jésuites voulurent parler en maîtres et se firent chasser. Et Voltaire se moqua d'eux...

La force fera-t-elle aujourd'hui ce que la propagande pacifique faillit faire jadis? De façon abstraite et purement philosophique, les Chinois ont le droit de demeurer chez eux, portes closes, et de relever métaphoriquement la Grande Muraille. Mais — et ceci, vous devez l'avoir appris en Europe, mon cher mandarin, — ni politiquement, ni économiquement, le monde ne peut laisser quatre cents millions d'hommes isolés de lui, mystérieux, à l'état de menace militaire ou de concurrence économique. Le heurt était fatal. Pas plus que l'homme n'échappe aux lois de la nature, les peuples n'échappent à la fatalité historique. Ceci, vous le savez, mon cher Tcheng Ki Tong. Mais, si vous vous l'avouez à vous-même, je crois que vous vous garderez de le dire. Ce n'est pas l'heure de philosopher.

FIN

TABLE

A Nonia, danseuse à Pompéi	1
A Pétrone	6
A Ruskin	11
A Stendhal	17
A M. Ferdinand Brunetière	22
A M. Anatole France	28
A M. Henri Lavedan	33
A M. Ponsard, à Paris	38
La censure	44
François Millet, à Barbizon	49
A Monsieur le maire de Valmondois	58
Le Fils de Renan	63
Une statue à la Clairon	72
Souvenirs	82
Maxime du Camp	100
Edouard Hervé	111
M. de Lacretelle	117
A Anatole de la Forge, au cimetière	122
Le « général » Cluseret	128
A M. Constans	133
A Monsieur de Freycinet	139
A M. Léon Bourgeois, à Athènes	144
A M. Ranc, journaliste	149
A la Déesse de la Raison, au théâtre des Bouffes-Parisiens	155
La Fête de l'Assomption	160
A Mme la Duchesse ***, en son hôtel, rue Saint-Dominique, et à Mme ***, brunisseuse, faubourg Saint-Antoine	163

TABLE

A M. George Duruy, professeur à l'École Polytechnique...	170
A Mme Dreyfus, à Rennes...	176
A M. Lajat, maire de Rennes...	182
A un publiciste catholique...	188
Interview...	194
A M. de Baudry d'Asson...	199
Le marquis de Rochefort...	204
Au jeune Victor X***, au dépôt de la Préfecture...	208
A M. J. Cornely...	214
A M. P. Delombre, ministre du Commerce et de l'Industrie...	219
A M. Tourgniol, député...	225
A Mme Calmette...	231
A M. le commandant Marchand...	237
Au sergent Ali, des tirailleurs sénégalais...	242
A MM. Déroulède et Buffet...	248
A Monsieur le Président de la République...	254
A Monsieur Ivan Agueli, prisonnier au Dépôt...	260
Les luttes...	266
Le pendu de l'Exposition...	271
Le château de Talleyrand...	276
A Gyptis...	283
Capri...	288
Dante...	294
La messe d'Isis...	303
La chasse...	308
Anarchistes...	312
Le roi des poètes...	321
Politique et science...	326
Grévistes...	336
Explorateurs...	341
Féminisme et théâtre...	348
Au général Tchen ki Tong...	359

TOURS. — IMPRIMERIE DESLIS FRÈRES, 6, RUE GAMBETTA.

Extrait du Catalogue de la BIBLIOTHÈQUE-CHARPENTIER
à 3 fr. 50 le volume
EUGÈNE FASQUELLE, ÉDITEUR, 11, RUE DE GRENELLE

DERNIÈRES PUBLICATIONS

MAURICE BARRÈS
L'Appel au Soldat... 1 vol.

VICTOR BARRUCAND
Avec le Feu... 1 vol.

ALBERT BOISSIÈRE
Les Trois Fleurons de la Couronne.............................. 1 vol.

SAINT-GEORGES DE BOUHÉLIER
La Route noire.. 1 vol.

ALFRED CHAMPION
Le Gêneur... 1 vol.

FÉLICIEN CHAMPSAUR
Poupée Japonaise.. 1 vol.

GEORGES CLEMENCEAU
Au Fil des Jours.. 1 vol.

EUGÈNE FOURNIÈRE
Chez nos petits-fils.. 1 vol.

HECTOR FRANCE
Croquis d'Outre-Manche.. 1 vol.

ALBERT JUHELLÉ
Les Pêcheurs d'hommes... 1 vol.

ERNEST LA JEUNESSE
Sérénissime... 1 vol.

GEORGES LECOMTE
La Maison en fleurs... 1 vol.

PIERRE LOUŸS
Les Chansons de Bilitis....................................... 1 vol.

CATULLE MENDÈS
Le Roi Vierge (Édition définitive)............................ 1 vol.

OCTAVE MIRBEAU
Le Journal d'une Femme de chambre............................. 1 vol.

JEAN REVEL
Un Cérébral... 1 vol.

JEAN RICHEPIN
Lagibasse... 1 vol.

LOUIS DE ROBERT
Le Partage du cœur.. 1 vol.

ÉDOUARD ROD
Au milieu du Chemin... 1 vol.

EDMOND ROSTAND
Cyrano de Bergerac.. 1 vol.

WALDECK-ROUSSEAU
Questions sociales.. 1 vol.

ÉMILE ZOLA
Fécondité... 1 vol.

ENVOI FRANCO PAR POSTE CONTRE MANDAT

www.ingramcontent.com/pod-product-compliance
Lightning Source LLC
Chambersburg PA
CBHW070454170426
43201CB00010B/1335